MEIN LEBEN, MEINE REGELN

Carina Berry:
Mein Leben, meine Regeln

www.edition-a.at

Satz: Bastian Welzer
Cover: Sophia Volpini de Maestre
Lektorat: Sophia Volpini de Maestre

Gesetzt in der Premiera
Gedruckt in Europa

1 2 3 4 5 — 26 25 24 23

ISBN 978-3-99001-651-0

CARINA BERRY

MEIN LEBEN MEINE REGELN

Was ich in dem Moment lernte, den ich für meinen letzten hielt

edition a

INHALT

DER UNFALL 7

AUF DER SUCHE NACH ANTWORTEN 19

UNSCHÖNES ERWACHEN 35

WER BIST DU? 45

ALTE GLAUBENSSÄTZE 77

KARRIEREENTSCHEIDUNGEN 91

BEZIEHUNGEN 141

VERMEINTLICHE NIEDERLAGEN 183

ERFOLG 199

ES LIEGT AN DIR 213

WERDE ZUM VORBILD 219

DEIN LEBEN, DEINE REGELN 227

DER UNFALL

Der Tag schien perfekt zu sein. Zwei befreundete Influencer aus Deutschland haben endlich ihren Weg zu mir nach Österreich gefunden, gemeinsam mit meiner Schwester wollten wir einige Tage gemeinsam verbringen, zuerst in Wien, dann in meinem Heimatdorf. Damals war das für mich das Highlight meines Sommers, gemeinsam Content createn, mit erfolgreichen Social-Media-Profis gemeinsam etwas erschaffen, viele Menschen erreichen und dabei einfach eine gute Zeit haben. Ich fühlte mich überglücklich. Nach einer ausgiebigen Partynacht in Wien machten wir uns auf den Weg zum Dunkelsteinerwald, bei meinem Heimatdorf, zum Haus meiner Eltern. Zugegeben, der Dunkelsteinerwald ist, wie der Name vielleicht schon vermuten lässt, keine Influencer-Metropole, kein Szene-Hotspot und auch nicht gerade aufregend. Genau deswegen hatte ich mir etwas Besonderes überlegt, um meinen Freunden eine unvergessliche Zeit in meiner Heimat zu bieten und unseren Followern trotzdem interessanten Content zu liefern. Wir fahren an die Donau, verbringen die Nacht dort unter Sternen, grillen Marshmallows am Lagerfeuer und genießen die Ruhe, für meine Großstadt-Influencer-Friends genau das Richtige, um der Realität für eine Nacht zu entfliehen und online eine einmalige Experience mit unseren Followern teilen zu können. Das Wetter war auf unserer Seite, strahlender Sonnenschein und heiße August-Temperaturen versprachen eine angenehme, trockene und vor allem warme Sommernacht, in der sogar die Möglichkeit für ein Mitternachts-Bad im Mondschein gegeben war.

»Thomas, nimmst du mich auf deinem Motorrad mit?«, wandte ich mich an einen meiner Besucher. »Ich bin in meinem Leben noch auf keinem Motorrad gesessen, das ist mein erstes Mal! Ich will wissen, wie sich das anfühlt.« Angst oder Mistrauen begleiten mich nur selten, vor allem, wenn es um meine eigenen Entscheidungen geht. Zweifel hatte ich also zu diesem Zeitpunkt keine. Dass mir diese unschuldige Frage nach einer Mitfahrgelegenheit trotzdem noch lange im Kopf herumkreisen sollte, wusste ich zu diesem Zeitpunkt noch nicht.

Irgendwo war aber trotzdem der Wurm drin. Neben all dem Hype, all der Euphorie und diesem Gefühl von »wir sind die Coolsten«, war die generelle Atmosphäre, die uns vier über die gemeinsamen Tage hin begleitete, im Nachhinein gesehen, vielleicht etwas toxisch. Meine beiden Freunde haben sich immer wieder aufgefordert und bestärkt, bei jedem Blödsinn mitzumachen. Wer ist schneller, lauter, lustiger? Irgendwie ja auch unterhaltsam. Linda, meine Schwester, und ich haben uns wohlgefühlt, wir haben uns treiben und mitziehen lassen. Der Hype der Influencer-Friends schien unausweichlich, immerhin waren wir alle hier, um Content zu produzieren, Spaß zu haben und unsere Follower auf ein kleines Abenteuer an der Donau mitzunehmen.

»Ja, sicher, hau dich rauf!«, antwortete Thomas, ohne mit der Wimper zu zucken. Super, ich fuhr also mit dem Motorrad mit, meine Schwester und mein anderer Freund würden uns mit dem Auto hinterherfahren, Zelt, Campingausrüstung und alles, was das Herz sonst

noch so an einer lauen Camping-Nacht begehrt, war im Kofferraum verfrachtet und dem Mini-Adventure stand nichts mehr im Weg.

MEINE ERSTE AUSFAHRT

Gegen 16 Uhr waren wir abfahrtbereit. Wie es sich für waschechte Influencer gehört, musste natürlich auch mein erster Ritt auf der Maschine festgehalten werden. Ich sprang auf das Motorrad, setzte den Helm auf und winkte aufgeregt und voller Vorfreude meiner Schwester zu, die meine Insta-Story für mich filmte. Ich legte meine Hände um Thomas' Bauch und überlegte kurz, wie ich dann später, bei der Donau angekommen, das Video textlich untermalen sollte... »Meine Erste Ausfahrt«, dahinter ein Motorrad-Emoji. »So soll es sein«, dachte ich mir, während ich mich darauf vorbereitete, dass der erste wilde Ritt gleich losgehen sollte. Nervös war ich schon, war ja immerhin mein erstes Mal. Außerdem wurde mir kurz vor Abfahrt plötzlich bewusst, dass wir doch alle etwas übernächtig waren. Die lange Partynacht und das ständige gegenseitige Aufputschen hatten ihre Spuren hinterlassen, zumindest bei mir. »Aber Thomas wird schon wissen, was er macht«, hoffte ich.

Abfahrt. Und schon ging's los. Der Geruch des Benzins schoss mir sofort in die Nase. Daneben hörte ich das laute Gebrumme, eigentlich ein angenehmer Sinneseindruck, der mich an den Rasenmäher-Traktor meines

Vaters erinnerte. Die Geschwindigkeit, die Thomas an den Tag legte, riss mich dann aber doch relativ schnell aus meinen Nostalgie-Gedanken. Zack, lagen wir schon in der ersten Kurve und erst da realisierte ich, welche Kräfte auf uns einwirkten. Nach der ersten Linkskurve folgte erneute Beschleunigung. »Was geschieht hier gerade?«, dachte ich nur, während ich immer mehr das Gefühl hatte, die Kontrolle zu verlieren. Viel Kontrolle hatte ich ohnehin nicht, denn nicht ich, sondern Thomas saß am Steuer, mir blieb also nur das Festhalten, doch selbst das war plötzlich gar nicht mehr so einfach.

Ich wusste nicht mehr, wo oben und wo unten ist. Die Geschwindigkeit war so hoch, dass ich das Gefühl hatte, die G-Kräfte würden von allen Seiten auf mich einwirken. Ich konzentrierte mich nur noch darauf, mich irgendwie an dem Fahrer festzuklammern, mit aller Kraft rammte ich ihm meine Finger in den Bauchraum, drückte meine Arme so fest ich nur konnte um ihn herum zusammen, bis ich plötzlich merkte, was sich eigentlich wirklich abspielte. »Scheiße. Wir fahren auf der falschen Straßenseite«. Er muss wohl nach dem Abbiegen aus der Ausfahrt meiner Eltern auf der falschen Seite geblieben sein. Da ich mit Festklammern beschäftigt war, war mir das in der ersten Instanz gar nicht bewusst gewesen, doch als ich nun bei Sinnen war und merkte, dass wir auf der linken Seite unterwegs waren, realisierte ich erst, wie gefährlich die Situation tatsächlich war. Kurz hatte ich Hoffnung. Die nächste Kurve Richtung Hauptstraße stand bevor und ich war überzeugt davon,

dass er nach seiner kurzen »Show-Einlage« wieder auf Kurs, wieder auf die richtige Straßenseite lenken und hoffentlich auch die Geschwindigkeit reduzieren würde. Doch Fehlanzeige.

Mein Gehirn ist ab diesem Zeitpunkt dem Denken nicht mehr hinterhergekommen. Zu viele Eindrücke trafen auf zu viel Geschwindigkeit, zu viel Angst und Panik trafen auf eine Starre, die ich nicht durchbrechen konnte. Denn das wäre der einzige Ausweg gewesen. Aus dieser Starre auszubrechen, etwas zu sagen, zu schreien, ihn irgendwie zu stoppen. »Fahr nicht so schnell! Bist du verrückt? Fahr auf die andere Seite!«, sind Gedanken, die irgendwo in meinem Gehirn herumschwebten, die es aber nie aus meinem Mund herausgeschafft haben. Alles, was ich wahrnehmen konnte, war die unglaubliche Geschwindigkeit, er zog erneut und wir rasten davon. Innerhalb von gerade einmal fünf Sekunden, so lange war die Abfahrt von meinem Elternhaus circa her, waren wir schon aus dem Ort gedüst. Ergo, Landstraße. Die erste Kurve nach dem Verlassen meiner Ortschaft ist eine ziemlich scharfe Linkskurve. Wir hängten in der Kurve und ehe ich mich versah, waren wir erneut auf der linken Straßenseite unterwegs. Wir haben die Kurve extrem geschnitten, waren mit gefühlten 120 km/h unterwegs und befanden uns auf der falschen Straßenseite. »Irgendetwas geht hier gerade gewaltig schief«, meldete zumindest mein Bauchgefühl.

20 SEKUNDEN, DIE MEIN LEBEN VERÄNDERN SOLLTEN

Keine halbe Minute saß ich auf diesem Motorrad, doch es fühlte sich an wie eine Ewigkeit. Ab der ersten Sekunde, in der Thomas Gas gegeben hat, hatte ich Angst. Es war mir zu laut, zu schnell, zu gefährlich. Vor allem aber war es mir zu unsicher, da wir uns auf der falschen Straßenseite bewegt haben. Wir fetzten also gerade aus der Kurve, fuhren auf der linken Seite und plötzlich sah ich zwei große, blaue LKWs schnurstracks auf uns zukommen. Ich weiß, LKWs haben Einheitsgrößen, aber diese beiden Lastenfahrzeuge, die uns auf unserer Spur entgegenkamen, schienen größer, schwerer und gefährlicher zu sein, als jeder Laster, den ich in meinem Leben je gesehen hatte. Ich wusste sofort, wir haben keine Chance. Wir werden es nicht schaffen, noch rechtzeitig auf den anderen Fahrstreifen zu gelangen.

Ich habe aufgehört zu denken, gleichzeitig sind mir tausend Dinge durch den Kopf gegangen.

Es war verrückt, als ich realisiert habe, dass wir wohl oder übel einem Frontalzusammenstoß mit dem ersten der beiden LKWs nicht mehr ausweichen konnten. Ich habe aufgehört zu denken, gleichzeitig gingen mir allerdings tausend Dinge durch den Kopf. Um nach rechts zu fahren war keine Zeit, auf der linken Seite war der Graben, dahinter Maisfelder. In der Mitte die LKWs. Ich war

in diesem Moment überzeugt davon, dass ich sterben werde. Wir rasten mit vollem Karacho frontal auf diesen LKW zu, es gab scheinbar keinen Ausweg mehr und mir wurde von Bruchteil einer Sekunde zu Bruchteil einer Sekunde immer mehr bewusst, dass dies wohl die letzten Augenblicke meines Lebens waren. Die Todesangst, der ich nun plötzlich zwangsläufig ausgesetzt war, fühlte sich allerdings anders an, als ich erwartet hatte.

EIN SCHLÜSSELMOMENT

Im Leben wirst du immer wieder Schlüsselmomente erleben. Manche davon werden dir erst später bewusst, manchmal bemerkst du erst nach Wochen, Monaten, sogar Jahren, dass dieser eine Moment ein viel stärkeres Gewicht hatte, als erst von dir angenommen. Manchmal weißt du allerdings auch sofort, dass sich dein Leben, deine Ansichten und deine Einstellung nach diesem einen Moment für immer verändern werden. Und so war es bei mir in diesem einen, kleinen, unfassbar kurzen und doch so langsam vergehenden Moment, als ich dachte, ich muss sterben. Die Panik, die ich die letzten Sekunden über auf dem Rücksitz des Motorrads verspürte, war weg.

Wenn ich mir den Tod vorgestellt hatte, habe ich immer an die Geister gedacht, die sich neben mir aufbauen werden. Die Geister meiner versteckten Talente, meiner unerfüllten Träume und die meiner Wünsche. Die Geister, die wir zum Leben erwecken hätten können, wäh-

rend wir noch die Chance dazu hatten. Die Geister, die aber mit uns sterben, wenn unsere Zeit gekommen ist. Wie viele Geister würden neben dir an deinem Todesbett stehen? Zu meinem Erstaunen, war es in meinem Fall kein einziger. In dem Moment, als ich aus tiefster Überzeugung daran geglaubt habe, nun zu sterben, habe ich unfassbare Ruhe empfunden. Ich sah keine Geister ungelebter Träume, ich sah mein Leben nicht in Episoden oder Bildern an mit vorbeiziehen, nein, ich habe lediglich gewusst, dass ich in meinem Leben bis zu diesem Tag alles richtig gemacht habe. Es klingt vielleicht verrückt, aber diese innere Gelassenheit und die Realisation, dass ich mein Leben genauso gelebt hatte, wie ich das für richtig empfunden hatte, erfüllte mich. In diesem einen Moment, kurz vor meinem voraussichtlichen Tod, gab es keine »ich wünschte ich hätte das noch gemacht«-Gedanken, keine Reue, und keine unerfüllten Träume. »Wenn ich jetzt sterbe, dann will es so sein und das ist okay«, ich wusste, ich hatte alles richtig gemacht, auch wenn es nicht immer einfach war.

DEN ABSPRUNG WAGEN

Diese innere Zufriedenheit, zu wissen, alles richtig gemacht zu haben, rüttelte mich noch einmal wach. Wir kamen dem LKW immer näher, ich wusste, ich muss handeln. So zufrieden ich auch anscheinend bis dato mit meinem Leben und meinen Entscheidungen ge-

wesen zu sein schien und so akzeptabel sich in diesem Moment selbst der Tod anfühlte, so wollte ich trotzdem leben, weitermachen und noch viele weitere Jahre so verbringen, wie ich es schon seit langer Zeit tat. Ich hatte zwei Möglichkeiten zur Auswahl:

A. Ich bleibe sitzen. Überlasse dem Fahrer die Kontrolle, die Macht über mein Leben und hoffe darauf, dass er sich noch irgendwie vorbeischlängelt, akzeptiere aber auch die eher zutreffende Wahrscheinlichkeit, dass wir in wenigen Momenten frontal in den Lastwagen krachen.

B. Ich nehme mein Leben selbst in die Hand. Dem Fahrer kann ich nicht mehr vertrauen, sonst wäre ich erst gar nicht in diese Lage geraten. Entweder ich überlebe irgendwie oder ich sterbe. Aber ich weiß zumindest, dass ich alles versucht habe und mein Leben, wie so oft, selbst in die Hand genommen habe.

Du kannst dir wahrscheinlich schon denken, für welche Variante ich mich entschieden habe. B. Ob es im Nachhinein gesehen die intelligenteste, die »beste« oder die für mich vorteilhafteste Entscheidung war, weiß ich nicht. Ich bin aber überzeugt davon, dass es die Richtige war, denn sie war meine.

Viel Zeit zum Nachdenken gab es, auch wenn sich diese Sekunden wie Stunden anfühlten, nicht. Ich folgte nur noch meinem Instinkt, wie ein Reflex machte sich mein Körper für den Absprung bereit, andere Mög-

lichkeiten gab es für mich in diesem Moment nicht. Ich habe meine Beine gestreckt, mich vom Motorrad hochgedrückt und bin seitlich abgesprungen. Wobei es nicht unbedingt ein Sprung, sondern eher ein Schleudern war. Die Geschwindigkeit, mit der wir unterwegs waren, verlangte nach keinen großen Sprüngen mehr, denn die Kräfte die im Spiel waren, haben mich so oder so, von der Maschine katapultiert.

Das Motorrad war weg, ich war in der Luft und mein Gehirn setzte aus. Egal, was aber nach dem Aufprall passieren sollte, ich wusste, ich habe in meinem Leben alles richtig gemacht.

AUF DER SUCHE NACH ANTWORTEN

Plötzlich war ich wieder da. Ich war wach. Meinen Körper spürte ich nicht, in diesem Moment wohl auch besser so, und als ich um mich blickte, sah ich nur Maisfelder, viel Kies, einige Pfosten und die zwei LKWs am Straßenrand. »Thomas, Thomas!«, mehr konnte ich in diesem Moment nicht von mir geben. Ich wusste weder, wo er ist, noch ob er am Leben ist oder wie es ihm geht. Mit aller Kraft schrie ich, bis ich plötzlich das erlösende »Carina!«, vermerkte. Puh, er war am Leben, ich war am Leben, ich verspürte keinen Schmerz. Für einen Moment war alles gut. Die bierbäuchigen Fernfahrer, die sichtlich schockiert waren und mittlerweile aus ihren Trucks ausgestiegen waren, telefonierten hektisch. Ich vernahm, dass sie nach uns gesehen und die Rettung gerufen haben, gesprochen habe ich allerdings nicht mit ihnen. Noch immer benebelt, habe ich mich weiter umgesehen. Ich nahm Thomas' Schreie, die telefonierenden LKW-Fahrer und sogar meine Schwester wahr, die gerade mit dem Auto an der Unfallstelle ankam. Noch bevor sie es zu mir schaffte, blickte ich hinunter zu meinen Füßen. Was zuerst wie eine Illusion, wie ein falscher Film, wie ein Traum wirkte, brannte sich nun immer klarer in meine Wahrnehmung. Hätte ich in diesem Moment Schmerzen verspürt, wäre ich vermutlich in Ohnmacht gefallen. Meine Füße waren komplett verdreht, nicht mehr am Knochen haltend. Beide in die entgegengesetzte Richtung schauend, wie in einem Horrorfilm. Dellen, Verdrehungen, Brüche: Meine Füße und Beine befanden sich einem Zustand weit entfernt von

Normalität. In diesem Moment wurde mir erst bewusst, wie heftig mein Aufprall gewesen sein musste, dass ich wohl mit meinen Beinen voraus gelandet bin und womöglich nie wieder gehen würde können. Adrenalin und der körpereigene Schutzmechanismus haben mir zumindest das Wahrnehmen der höllischen Schmerzen erspart, die nach Verletzungen dieser Art unvorstellbar sind. Bevor ich weinen, reagieren oder die Geschehnisse einordnen konnte, stand meine Schwester vor mir, etwa dreißig Sekunden nach Aufprall.

»Carina, oh Gott! Carina, oh Gott!«, mehr hörte ich nicht von ihr. Als sie meine Beine sah, legte sich allerdings ein Schalter bei ihr um. Sie wollte mich schützen, hat sich über mich gebeugt und angefangen, wie ein Wasserfall beruhigend auf mich einzureden. Das kann sie gut, auch heute noch. Kurz darauf trafen auch meine Eltern ein, zu meinem Leidwesen auch mein kleiner Bruder, der mich nie so hätte sehen sollen. Schwach, verletzlich und gebrochen, aber auch das gehört zum Leben.

Wenige Momente später war auch schon die Rettung da. Alles passierte ziemlich schnell und ich vernahm viele Eindrücke und Emotionen, obwohl ich meine eigene Gefühlslage noch nicht ganz einordnen konnte. Trotz des heftigen Aufpralls war ich, meines Erachtens zumindest, ziemlich klar im Kopf. Als die Sanitäter mich nach meinen Daten fragten, ratterte ich meine Sozialversicherungs- und meine Handynummer runter, als wäre nichts passiert. Und plötzlich wurde alles ganz lustig. Das Be-

ruhigungsmittel, das sie mir gespritzt haben, hat seinen Nutzen auf jeden Fall erfüllt. Ich war happy, habe gelacht und war ganz aufgeregt. Die orangene Vakuum-Trage, in die sie mich verfrachtet haben, um sicher zu gehen, keine inneren Verletzungen zu verstärken und die Wirbelsäule zu schützen, fand ich in diesem Moment besonders amüsant. »So knallig, so schön, so lustig«, sind Gedanken, an die ich mich noch heute klar erinnern kann. Trotz meines Highs habe ich die Geräuschkulisse, die sich durch den annähernden Hubschrauber entwickelt hat, richtig gedeutet. »Der Hubschrauber ist da. Alles wird gut«, gab mir meine Mama mit auf den Weg, bevor ich verfrachtet und ins Universitätsklinikum Krems eingeliefert wurde. »Alles wird gut, Carina…«

EINE WERTVOLLE ERKENNTNIS

Meine Mutter sollte, wie es oft bei Müttern ist, recht behalten. Es wurde tatsächlich wieder alles »gut«, auch wenn der Weg dorthin kein leichter war, aber dazu später. Die Reha war hart, die Zeit im Rollstuhl war für mich, aber auch für mein Umfeld, herausfordernd und trotzdem weiß ich heute, dass dieser Unfall mich im Nachhinein gesehen mehr gestärkt als geschwächt hat. Denn auch wenn ich unzählige Verletzungen hatte, dem Tod direkt ins Auge geblickt habe und monatelang leiden musste, um wieder auf die Beine zu kommen, so bin ich um eine Erkenntnis reicher geworden: Ich habe

in meinem Leben alles richtig gemacht. Ich bin bereit zu sterben, wenn es denn sein muss, ohne Reue, ohne »ich wünschte, ich hätte«-Gedanken und ohne auch nur eine einzige Entscheidung je anders getroffen zu haben. Aber wieso? Ich weiß, ich mag mein Leben, aber die Überzeugung, dass ich für mich den richtigen Weg eingeschlagen habe, die kam erst nach oder während des Unfalls zum Vorschein. Genau verstehen konnte ich das aber nicht, weshalb ich versuchte, die Puzzlesteine zusammenzusetzen und in meiner Vergangenheit mit dem Grübeln und Hinterfragen anzufangen und nach Antworten zu suchen. Denn eines wusste ich: Was auch immer es war, das mich so zufrieden und glücklich machte, was immer mich mein Leben lang getrieben hat, Entscheidungen so zu treffen, wie ich sie heute treffe, ich möchte es bewahren. Ich möchte auch die nächsten vierzig Jahre genauso auf mein Leben zurückblicken und wissen, ich habe für mich alles richtig gemacht.

ALLES AUF ANFANG

Du wirst später noch verstehen, warum es so wichtig ist zu wissen, WER du bist, wenn es um die richtigen Entscheidungen und die eigene Lebensgestaltung geht. Um herauszufinden, was ich also richtig gemacht habe, um zu erkennen, WIE ich meine Entscheidungen getroffen habe und was mich eventuell von anderen Menschen abhebt, will ich gemeinsam mit dir meine Person, meine

Vergangenheit und prägende Erfahrungen skizzieren. Denk vielleicht auch über deine Vergangenheit, deine Wege, die du bereits eingeschlagen hast, und Schlüsselmomente in deinem Leben nach. Vielleicht ist das ein guter Anfang, um auch deinen Stärken und Schwächen auf den Grund zu gehen und zu erkennen, was du vielleicht anders machen kannst oder was du bereits in der Vergangenheit richtig gemacht hast.

Ich bin die Älteste von drei Geschwistern. Meine Eltern haben uns immer supported und meine Geschwister Julian, Linda und ich hatten immer schon ein gutes Verhältnis. Auch die Natur hat mich immer umgeben. So wie damals, bin ich heute tief im Herzen ein Landei. Aufgewachsen in einem kleinen Dorf in der Nähe von St. Pölten in Niederösterreich, war mir Natur, Wald und Wiese immer näher als Hochhäuser und Großstadtstress. Was mir sofort in den Kopf geschossen ist, als ich nach dem Unfall zum ersten Mal intensiv über mein Leben und meine Vergangenheit nachgedacht habe, ist, dass mich meine Eltern schon als kleines Kind immer haben machen lassen. Sie haben meine Kreativität gefördert, mich diese ausleben lassen und haben nie versucht mich einzubremsen.

Gnadenlose Willensdurchsetzung

Ich war schon immer sehr eigensinnig. Wollte ich etwas, dann habe ich es irgendwie bekommen oder war kreativ genug, meinen Willen durchzusetzen. Bereits in

jungen Jahren habe ich meine eigenen Projekte auf die Beine gestellt. Beim Vierziger meiner Mutter habe ich den Gästen Steine verkauft, die ich zuvor bemalt hatte. Zugegeben waren das keine künstlerischen Meisterwerke, aber die Steine haben sich gut verkauft. Die lagen einfach zur freien Entnahme im Garten, an der Donau oder am Straßenrand herum. Warum also nicht Geld daraus machen?

Ähnlich war es mit den Kriecherln. Die Pflaumenähnlichen Früchte sind in unserem Garten wie verrückt gewachsen. Wir hatten so viele Obstbäume, dass wir selbst mit Mamas Marmeladen, Säften, Kuchen und Strudeln nie alles aufbrauchen konnten. Mein junger Geschäftsgeist wusste, was zu tun ist und so stellte ich mich mit einem Kübel voller Kriecherln an den Straßenrand und verkaufte die überschüssigen Früchte. Ich war schon immer eine Business-Frau und ich wollte schon immer meinen Willen durchsetzen. Hatte ich eine Idee, dann folgte prompt die Umsetzung. Ein Highlight meiner frühzeitigen Projekte war zudem der Zirkus. Eines Nachmittags trommelte ich alle Kinder aus meinem Dorf zusammen und jeder sollte sich einen verrückten Act überlegen, den er dann vorträgt. Der Nachbarsjunge ist mit dem Einrad gefahren, eine Freundin präsentierte eine Hundeshow, jeder hatte sich etwas überlegt und zur Krönung wurden dann alle Dorfbewohner, Eltern, Bekannte, jeder der Lust hatte, zu uns in den Garten eingeladen, um das Spektakel zu bewundern. Egal, welche verrückte Idee wir umgesetzt haben, was für Späße, Ge-

schäftsideen oder Spiele wir uns überlegt hatten, das meiste ist auf meinen Mist gewachsen.

Meine Eltern haben mich, meistens, machen lassen. Ich bin ihnen sehr dankbar dafür, denn sonst wäre ich heute nicht die Person, die ich bin. Natürlich haben sie manchmal die Reißleine gezogen. Dass ich ihnen oft richtig auf die Nerven gegangen bin, ist mir auch bewusst, aber ihre lockere Art und die Freiheit, die sie mir bei der Umsetzung meiner Projekte und meiner Kreativität entgegengebracht haben, haben mich wohl auch bei der gnadenlosen Verwirklichung meiner Träume und Ziele bestärkt.

Dream big

Egal wofür ich brenne, ich will und gebe immer 110 Prozent. Auch schon als Kind. Sprachen haben mich zum Beispiel immer fasziniert. Waren wir in Frankreich, hat mir meine Mutter französische Bücher vorgelesen. In Spanien gabs zum Einschlafen spanische Hörbücher und im Italien-Urlaub dröhnten aus unserem Autoradio keine geringeren als Eros Ramazotti, Umberto Tozzi und Adriano Celentano. Schon damals wusste ich, irgendwann will ich nicht nur zwei, nicht drei, auch nicht fünf, sondern zehn Sprachen beherrschen. Drei Sprachen kann jeder, also »dream big«, dachte ich mir. Zehn unter dreißig, das war mein Traum. Mittlerweile bin ich frisch dreißig, beherrsche zumindest neun. Zählt man Österreichisch dazu, was eine eigene Sprachkunst

für sich ist, sind es tatsächlich zehn. Groß zu träumen, konkrete Ziele zu haben und immer über den Horizont hinaus zu denken und zu probieren sind sicherlich Eigenschaften, die mir in meinem weiteren Leben geholfen haben. Natürlich fällt auch der größte Träumer oft auf die Schnauze, ich weiß wovon ich spreche, habe ich nicht nur im übertragenen Sinne, sondern auch tatsächlich schon einige mehr oder weniger dramatische Bruchlandungen hingelegt. Aber auch das gehört dazu, öffnet dir die Augen und macht dich stärker.

»Geht nicht« gibt's nicht

Bist du schon einmal vor einem »Nein« gestanden? Haben dir Menschen gesagt, du kannst, darfst oder sollst gewisse Dinge nicht tun, weil sie nicht ins System passen? Hast du dich davon abbringen lassen? Ich bin mir sicher, dass viele Menschen vor einem »Nein« zurückschrecken, sich dem »Nein« beugen und auf Meinungen anderer statt den eigenen Willen vertrauen.

Wenn ich meine Lebensgeschichte so durchgehe, fällt mir auf, dass ich oft mit einem »Nein«, einem »das geht nicht« oder einem »du bist verrückt« konfrontiert wurde. Was ich auch merke, ist dass ich früher, wie heute, ein Nein nicht so einfach akzeptiere. Die gnadenlose Willensdurchsetzerin bin ich noch immer, damals wie heute. Gerade in Teenager-Jahren war das besonders interessant. Rebelliert habe ich nicht, aber mein Durchsetzungsvermögen ist immer stärker geworden. »Ich will ein Aus-

landjahr machen«, verkündigte ich als 15-jährige Schülerin lautstark meinen Eltern, meinen Lehrern, eigentlich meinem gesamten Umfeld. Die Reaktionen darauf waren eher verhalten. »Du verpasst so viel bei uns in der Schule«, meinten die Lehrer. »Du verpasst den Schulball, meinen Geburtstag oder die Party«, meinten meine Freunde. »Bist du sicher, dass das eine gute Idee ist?«, war die Reaktion meiner Familie. Damals war ein Auslandsaufenthalt während der Schulzeit eine Seltenheit, vor allem für die Schüler aus meinem Dorf. Es gab, anders als heute, keine Agenturen, zumindest wusste ich von keiner, die den Aufenthalt planen und Partnerschulen vorstellen. Also habe ich mir meinen Auslandsaufenthalt kurzerhand selbst geplant. Meine Eltern konnten mich glücklicherweise finanziell unterstützen, standen mir bei der Umsetzung dieses Projektes nicht im Weg, kümmern musste ich mich aber selbst darum. Wenige Monate später saß ich als 16-jährige St.Pöltnerin im Flieger auf dem Weg auf die andere Seite der Welt. Ohne Smartphone, ohne Social Media, ohne eine Ahnung, was mich erwarten wird.

Jede Erfahrung, ob gut oder schlecht, bringt Erkenntnis

Amerika war jedenfalls unglaublich. Kaum war ich wieder in Österreich angelangt, plante ich bereits mein nächstes Abenteuer. Nach der Matura sollte es nach Spanien gehen. Anstatt sofort zu studieren, wollte ich die Welt sehen, nicht dem Plan folgen, den die Gesell-

schaft für mich ausgelegt hat, und mein eigenes Geld verdienen. Als Au Pair in einer Familie auszuhelfen, erschien mir als die logischste Entscheidung und kaum den Sommer nach der Matura genossen, ging's schon nach Spanien. Diesmal ohne finanzielle Unterstützung meiner Eltern, auf eigene Faust und auf eigene Gefahr. Was soll schon schiefgehen?

So schön ein Auslandsaufenthalt sein kann, so frustrierend, einsam und beängstigend ist er. Leider war die Euphorie der neuen Heimat Spanien schnell passé. Nicht etwa wegen der Umgebung, der Sprache oder des Essens. Nein, meine Gastfamilie war das Problem. Obwohl ich sehr offen bin und viel aushalte, war mir der aggressive Erziehungsstil der Eltern meiner Au-Pair-Kinder eindeutig zu viel. Der gut betuchte Marketing-Chef von *Desigual* und seine Frau, die classy Einkäuferin für *Mango*, haben zwar viel für Geld, Prestige und Image übriggehabt, für ihre Kinder blieb allerdings kaum Zeit, außer um sie anzuschreien oder zu schlagen. Leider habe ich schnell bemerkt, dass in dieser Familie nichts außer Äußerlichkeiten zählt. Das betuchte Business-Paar machte auch kein Geheimnis daraus: »Carina, wir haben dich eigentlich nur eingestellt, weil du hübsch bist. Wenn wir als Familie irgendwo gemeinsam auftreten, müssen wir ein gewisses Image aufrechterhalten«. Je mehr ich über die Eheleute und ihr Familiensystem erfahren habe, desto schneller wollte ich weg. Ich war wegen der Kinder dort. Die Kinder taten mir leid, und wie es schien, waren auch sie nur Teil eines Konstrukts, um

das Image der Eltern aufrechtzuerhalten. Beide Kinder wurden jeweils erst im Alter von sechs Jahren adoptiert. Als ich das Wort Adoption vernahm, dachte ich instinktiv an »Rettung«, an die »Gutherzigkeit«, die doch tief hinter den kalten, geldgierigen Herzen liegen musste, allerdings lag ich falsch. Von Mitarbeitern der Familie erfuhr ich schließlich, dass sie deshalb bis zum sechsten Lebensjahr der Adoptivkinder gewartet hatten, um sicher zu gehen, dass diese auch entsprechend attraktiv werden würden. So sehr ich die Challenge annehmen wollte, so sehr ich meine Reise und mein Au-Pair-Jahr wie geplant durchziehen wollte und so sehr ich den Kindern helfen wollte, ich habe ziemlich schnell gelernt, was ich NICHT möchte. Ich hatte einen Nervenzusammenbruch, habe mich täglich in den Schlaf geweint und mich unendlich schrecklich gefühlt. Ich habe zwar versucht, zumindest der Kinder wegen, das Beste aus der Zeit rauszuholen, entschloss mich aber nach einem Monat, die Heimreise anzutreten.

Schließt sich eine Tür...

Ich gebe nicht auf. Auch als ich meine Zeit in Spanien frühzeitig beendet habe, war das in meinen Augen kein Aufgeben, sondern die Durchsetzung meines Willens, ich habe das getan, was ICH in diesem Moment für richtig gehalten habe. Wie so oft, war das der beste Weg. Dennoch war ich noch nicht fertig mit Spanien. So viel stand fest. Kurz vor meiner Abreise und meiner »Flucht«

aus dem Horror-Haus, lernte ich eine nette Familie auf dem Markt kennen. Ich erzählte den Eltern von meiner Situation, meinen schlechten Erfahrungen und kurzerhand forderten sie mich auf, das Au-Pair-Jahr bei ihnen zu verbringen: »Warum kommst du nicht zu uns? Wir haben auch zwei Kinder und würden dich gerne bei uns als Nanny willkommen heißen«. Ich bedankte mich für ihr freundliches Angebot, bin aber trotzdem erst einmal nach Österreich zurück geflogen, um meine Gedanken neu zu ordnen.

»Carina, bitte bleib daheim«, hieß es von Familie und Freunden. Wie so oft war ich die Einzige, die überzeugt von meinem Vorhaben war. Da mich das glücklicherweise noch nie von meinen Entscheidungen abgebracht hat, saß ich schon bald wieder im Flugzeug Richtung Spanien. Und es hat sich gelohnt. Ich habe einige wunderschöne Monate bei einer unglaublich netten spanischen Familie in einem kleinen Dorf, drei Stunden entfernt von Barcelona, verbracht und will diese Zeit nie missen. Ich habe heute noch Kontakt mit meinen Gasteltern, habe viel über die spanische Kultur gelernt, meine Sprachkenntnisse aufgebessert und die anfänglich katastrophale Erfahrung meines Spanienaufenthalts in schöne und bestärkende Erinnerungen verwandelt.

Der unkonventionelle Weg

Wenn ich meine Schulzeit, mein Studium, meine ersten Berufserfahrungen, ja auch mein Beziehungsmodell

oder mein ganzes Leben, so wie ich es heute lebe, betrachte, dann fällt mir auf, dass ich mich sehr oft für den unkonventionellen Weg entschieden habe. Ich habe nie das gemacht, was die Gesellschaft oder meine Eltern erwartet hätten, sondern ich habe meine eigenen Lösungen kreiert, meine eigenen Wege designed und mich nie von einer Meinung oder einem »Nein« abhalten lassen. Im Grunde bin ich immer meinem Willen und meinen eigenen Vorstellungen gefolgt und habe nie darauf abgezielt, Entscheidungen aufgrund gesellschaftlicher Normen, familiärer Erwartungen oder anderer äußerer Einflüsse zu treffen, sondern habe immer in mich hinein gehört und das getan, was Carina will, nicht das, was irgendjemand anders für mich in Planung, Aussicht oder Sinn hat. Du wirst noch erfahren, warum mein Karriereweg, mein Beziehungsmodell und mein Lebensstil vielleicht für den Großteil der Menschen unkonventionell erscheinen mag. Nach meinem Unfall habe ich jedenfalls nach Antworten gesucht. Das Kramen in meiner Vergangenheit hat mir bereits erste Aufschlüsse darüber gegeben, warum es für mich scheinbar in Ordnung gewesen wäre, in diesem Moment zu sterben. Ich hatte bereits eine kleine Vorahnung, was der Grund dafür sein könnte, mein Leben ohne das Gefühl von Reue gelebt zu haben.

UNSCHÖNES ERWACHEN

»Werde ich jemals wieder gehen können?«, waren meine ersten Worte, die ich einer Krankenschwester entgegnete, als ich völlig verwirrt, unterkühlt und unglaublich durstig in einem OP-Zimmer des Krankenhauses Krems aufwachte. »Das kann ich dir leider nicht sagen«, war ihre Antwort. Für mich brach eine Welt zusammen. Ich wusste, seit dem Unfall müssten nun etwa vier Stunden vergangen sein. Die Notoperation habe ich scheinbar überstanden, was aber mit meinen Füßen passiert ist, was sich unter den Verbänden und dem Gips befand und ob ich tatsächlich jemals wieder aufstehen, gehen oder laufen können würde, war mir zu diesem Zeitpunkt völlig unklar. Ich wusste lediglich, dass irgendetwas mit meinem Körper nicht stimmte. Er hat sich fremd angefühlt, schwach, mir war kalt und ich hatte dieses furchtbare Durstgefühl und alles war anders als zuvor. Durch meinen Kopf kreisten Tausende Gedanken. Was, wenn ich mein Leben lang auf einen Rollstuhl angewiesen bin? Was, wenn ich nie wieder Sport machen kann? Was, wenn ich nie wieder die Gleiche wie zuvor bin? Zu meinem Leidwesen durfte ich noch nicht einmal meine Familie sehen. Wir befanden uns gerade mitten in der Corona-Krise, die Besuchszeiten waren streng limitiert und für diesen Tag waren sie bereits vorbei. Zumindest hat es mein Freund, der gerade geschäftlich unterwegs war und nur durch meine Eltern von meinem Unfall erfahren hatte, geschafft, die Stationen durchzutelefonieren, bis eine nette Schwester mir dann den Hörer übergab und ich endlich seine Stimme hören konn-

te. Ich konnte zumindest ihn beruhigen. »Es geht mir gut«, habe ich ihm versichert, auch wenn es mir innerlich überhaupt nicht gut ging. Ich wollte ihm aber die Angst nehmen. Einige kurze Minuten später musste ich den Hörer bereits wieder abgeben und mir blieb nichts anderes mehr übrig, als mich auf eine lange, schlaflose Nacht einzustellen, denn mit einem Arzt durfte ich erst am nächsten Morgen sprechen.

Gefühlt waren es tausend Schläuche. In der Realität waren es vielleicht sieben bis zehn, aber in meiner Frustration hatte ich das Gefühl, an unzählige Schläuche, Katheter und schrill läutende Gerätschaften angeschlossen zu sein, die es mir neben meiner Angst vor dem Arztgespräch unmöglich machten zu schlafen. Ich konnte nicht einmal allein aufs Klo gehen und fühlte mich schwach und hilflos. Gerade noch verspürte ich die Euphorie, den Hype, die Freude, gemeinsam mit anderen Content-Creatoren eine Nacht an der Donau zu verbringen und plötzlich lag ich hier, wie ein Häufchen Elend.

»Werde ich jemals wieder gehen können?«, platzte es aus mir heraus, als am nächsten Morgen endlich der Arzt seine Visite machte und in meinem Zimmer angekommen war. Seine fachchirurgische Argumentation verunsicherte mich nur noch mehr, ich habe kein Wort verstanden und bat um Aufklärung. Nach der Erklärung für Normalos habe auch ich endlich verstanden, wie es um meine Füße stand. Beide meiner Knöchel waren ge-

brochen, es handelte sich um schwere Brüche, scheinbar sind meine Knochen während des Aufpralls komplett zerschellt, in Hunderte Stücke zerbrochen, die während der Operation wieder zusammengeflickt wurden. Außerdem hatte ich Metallstücke, Platten und Schrauben in meinen Füßen und der Gips, der bereits bei meinem Erwachen an beiden Füßen bis oben zu den Knien angebracht war, muss mindestens sechs bis acht Wochen bleiben. Außerdem war mein Mittelfinger gebrochen, ich hatte ein paar offene Wunden an den Händen und einige Abschürfungen an meinem Körper. Auch wenn ich das in diesem Moment nicht gerne hörte oder auch nicht ganz verstand, hat mir die gesamte Belegschaft der Unfallchirurgie immer und immer wieder gesagt, was ich nicht für ein Glück hatte, wie viele Schutzengel ich nicht bei mir hatte, denn dieser Aufprall hätte noch weitaus fataler ausgehen können. Die Frage, ob und wann ich wieder allein aufstehen und gehen könne wurde damit zwar nicht beantwortet, aber zumindest wusste ich jetzt, was passiert war.

Erste Schritte

Acht Wochen also. Ich war überzeugt davon, sobald der Gips entfernt wird, kann ich wieder gehen und mein Leben so wie zuvor leben. Ich fieberte dem Tag entgegen, an dem endlich diese weißen Klötze von meinen Beinen entfernt werden sollten und an dem ich hoffentlich auch endlich den Rollstuhl nicht mehr brauchen wür-

de. Leider waren meine Vorfreude und meine Euphorie überstürzt und nachdem ich meine Füße nach mittlerweile zwei Monaten zum ersten Mal sah und spürte, wurde mir bewusst, dass das mit dem Gehen wohl doch nicht so selbstverständlich ist, wie gedacht. Ich habe erst dann realisiert, dass zwei Monate Starre für einen Körper ziemlich anspruchsvoll sind. Da ich über einen ziemlich langen Zeitraum hinweg keinen einzigen Schritt gehen konnte, verlor ich all meine Muskeln in Füßen und Beinen, ich habe verlernt zu gehen, meine Motorik war unkoordiniert und meine Gelenke konnten mein Gewicht nicht mehr mittragen. Meine einst starken, sportlichen Beine glichen zwei dürren Stangen. Ich konnte nicht aufstehen. Mein Körper wusste nicht mehr, wie gehen, stehen und bewegen funktioniert.

Kurz darauf wurden mir im Zuge einer weiteren Operation die Bohrdrähte aus den Füßen entfernt und zwei Tage später habe ich mit meiner Reha-Therapie begonnen, denn mein Ziel war es noch immer, so schnell wie möglich wieder gehen zu können, egal, was die Ärzte sagten. Als ich zwangsweise im Rollstuhl sitzend in der Reha-Klinik angekommen bin, fragte mich die Ärztin während unseres Erstgespräches, was mein Ziel sei und was ich im Zuge der Reha erreichen möchte. »Ich möchte so schnell wie möglich wieder normal gehen können«, war meine doch sehr optimistisch gestimmte Antwort. Leider hielt dieser unschuldige Optimismus nicht lange an, denn meine Antwort schien so amüsant zu sein, dass die Ärztin sich ihr Lachen kaum verknei-

fen konnte, mich und meine Vision quasi belächelte und meine Vorstellung in weniger als zehn Sekunden zerstörte. »Na ich schreibe mal als Ziel auf, mit Krücken zu gehen«, so die schmunzelnde Ärztin. Nach dem Termin war ich am Boden zerstört, ich fühlte mich entmutigt und vor allem enttäuscht. Allerdings habe ich nicht auf die Meinungen und Prognosen der Ärzte vertraut und versucht, meinen eigenen Weg zu gehen, meine eigenen Ziele und Meilensteine zu setzen und mich keineswegs von irgendjemanden unterkriegen oder beeinflussen zu lassen. »Na wartet mal, euch zeig ich's«, war meine Devise für die Zeit in der Reha-Klinik. Denn der unfreundlichen und negativ gestimmten Ärztin würde ich mich sicherlich nicht beugen.

In den nächsten Wochen habe ich alles gegeben. Ich habe meine gesamte Energie und meinen vollen Fokus nur noch meinen Füßen und deren Heilungsprozess gewidmet. Auch wenn ich manchmal am Ende meiner Kräfte stand, so kam eine Niederlage oder ein nicht zufriedenstellendes Ergebnis am Ende der Reha für mich nicht in Frage. So achtete ich penibel auf meine Ernährung, habe in jeder freien Minute, in jeder Pause Kraftübungen gemacht. Die Zeit, die ich in meinem Zimmer verbrachte, also immer dann, wenn ich keine Therapieeinheiten hatte, nutzte ich, um meinen Geist und meinen Körper zusätzlich zu stärken. Langsam konnte ich eine positive Entwicklung wahrnehmen, ich war nicht mehr auf den Rollstuhl angewiesen und konnte bereits nach wenigen Wochen die meisten Wege selbstständig

auf Krücken zurücklegen. Kurz vor der Entlassung bin ich mit dem Rollstuhl zum Frühstück gefahren, mittags legte ich den gleichen Weg mit den Krücken zurück und zum Abendessen habe ich es ohne Krücken gewagt und bin völlig frei, wenn auch langsam, zittrig und sehr vorsichtig, zu meinem Tisch spaziert. »Was haben sie dir für Drogen gegeben?«, fragten mich die anderen Patienten, völlig erstaunt von meinem Fortschritt. »Du bist ja wie der Messias«, so die Reaktion meines Tischnachbarn. Dieser Moment war sehr ermutigend. Kurze Zeit später wurde ich entlassen und konnte die Reha-Klinik auf meinen eigenen zwei Beinen verlassen, ohne Rollstuhl und ohne Krücken und völlig entgegen der Erwartungen und Prognosen der Ärzte.

Auch, wenn sich anfangs jeder Schritt wie ein Marathon anfühlte, war ich stolz. Meine Beine waren dünn, zittrig und schwach und die kürzlich erst zerschellten Knöchel taten jedes Mal höllisch weh, wenn ich sie mit meinem Körpergewicht belastete. Nach und nach konnte ich allerdings beachtliche Fortschritte beobachten, die Schritte wurden schneller und die Beine wieder stärker und zu Weihnachten konnte ich bereits wieder normal gehen. Kurz darauf bin ich auf Bali die Strände entlanggelaufen, obwohl die Ärzte nicht daran geglaubt hatten. Sie dachten, ich werde so schnell nicht mehr gehen können, laufen hielten sie ohnehin für unmöglich.

Während meiner Rehabilitations-Therapie hatte ich viel Zeit, um nachzudenken. Mich beschäftigte vor allem dieses Gefühl, alles richtig gemacht zu haben,

welches ich sehr intensiv in den Schocksekunden des Unfalls wahrgenommen habe. Was macht mein Leben und meine Entscheidungen so zufriedenstellend? Warum war es völlig in Ordnung für mich zu sterben? Was bringen mir die Erkenntnisse meiner Vergangenheit? Und was mache ich so anders als die anderen? Auf diese Fragen habe ich auch heute noch keine völlig eindeutige, hundert Prozent sichere Antwort. Als ich aber nach Monaten des Leidens, der Therapie und Reha und vor allem nach Monaten der niederschmetternden, pessimistischen und wenig hoffnungsvollen Prognosen der Ärzte auf den Stränden Balis entlanglief, den Sand zwischen meinen Zehen und den Wind in meinen Haaren spürte, wurde es mir bewusst. Ich wusste, das, was mich schon immer von den anderen abgehoben hat, ist mein Eigensinn. Mein Hang dazu, meine eigenen Regeln aufzustellen und nicht immer auf mein Umfeld zu hören, selbst wenn es meine Eltern, Experten, oder Ärzte sind. Ich habe während meines Heilungsprozesses nicht auf die Meinung der Physiotherapeuten und Ärztinnen gehört, sondern mein eigenes Ding durchgezogen, mich angestrengt und bin gegen aller Erwartungen schnell wieder auf meinen eigenen zwei Beinen gestanden. Eine meiner größten Errungenschaften, wie ich finde. Wenn ich zurück an die Zeit nach dem Unfall denke oder an meine Kindheit, an meine Jugend und meine Auslandsaufenthalte, aber auch wenn ich mein heutiges Beziehungsmodell betrachte oder meinen Karriereweg skizziere, dann gibt es eine Sache, die sich wie

ein roter Faden durch jede dieser Lebenslagen zieht: Ich bin mir immer selbst treu geblieben. Ich habe das getan, was ICH für richtig gehalten habe, nicht das, was mir von der Gesellschaft, meinen Eltern, Ärzten, Experten, Freunden, oder Partnern vorgeschrieben oder von ihnen erwartet wurde. Mir wurde klar, dass ich schon seit jeher nach dem Motto »Mein Leben, meine Regeln« gelebt habe, ohne mir dessen bewusst zu sein, und trotz der Schwierigkeiten, die so ein Mindset mit sich bringen kann. Endlich hatte ich Klarheit.

WER BIST DU?

Das Geheimnis eines glücklichen und erfüllten Lebens liegt meiner Meinung nach darin, sich selbst treu zu bleiben, so viel war mir nun klar. Das habe ich zwar erst nach dem einschneidenden Erlebnis auf der Landstraße realisiert, ein Blick auf meine vergangenen Entscheidungen offenbart allerdings, dass ich in vielen Lebenslagen nicht rational, erwartungsgemäß oder vielleicht sogar klug entschieden habe, sondern dass meine Entscheidungen schon lange darauf beruhen, mir selbst treu zu bleiben und mich von niemandem in die Schranken weisen zu lassen. Dabei ist das gar nicht so einfach, denn der bequemere und unkomplizierte Weg ist oft der, der dir vorgegeben wird. Trotzdem bin ich überzeugt davon, dass wir unser Leben selbst gestalten sollten, dass wir vor einer blanken Leinwand stehen, die wir selbst bemalen, befüllen und färben können, kopieren ist dabei nicht erlaubt. Um deine Leinwand selbst zu gestalten und um dir tatsächlich selbst treu zu bleiben, musst du allerdings erst einmal wissen, wer du überhaupt bist. Denn nur so kannst du erkennen, welche Entscheidungen dich wahrhaftig glücklich machen, welchen Weg du einschlagen willst und wie du dir dein Leben vorstellst.

DIE KRITISCHE SELBSTREFLEXION

Ich glaube, der erste Schritt zu einem selbstbestimmten Leben, einem Leben ohne Reue, ist die kritische Selbstreflexion. Weißt du, was dich glücklich macht? Hinter-

fragst du deine Entscheidungen? Beschäftigst du dich mit dir selbst? Niemand kann dir sagen, wer du bist, was dich glücklich macht und wie du dein Leben gestalten sollst. Klar, viele Menschen versuchen es dir zu sagen, versuchen dich in eine Richtung zu weisen oder dir die Entscheidung gänzlich abzunehmen. Im Endeffekt kannst aber nur du allein wissen, wie du dein Leben leben möchtest. Doch woher sollst du das überhaupt wissen? Wir lernen in unserem Leben über die Biologie des Menschen, über unser Land, über die Geschichte der Menschheit und mathematische Gleichungen. Nur die wenigsten von uns nehmen sich allerdings die Zeit, über sich selbst zu lernen, sich selbst kennenzulernen und sich bewusst mit seinen Bedürfnissen auseinanderzusetzen. Die wenigsten von uns haben niedergeschriebene Ziele, ein Vision Board oder definierte Core Values. Die wenigsten von uns wissen, wer sie sind, was sie ausmacht und wer sie sein wollen.

Wir Menschen sind unglaublich bequeme Wesen. Vor allem die Selbstreflexion kann als sehr anstrengend erscheinen, denn das Auseinandersetzen mit dem eigenen Selbst verlangt Stärke und Geduld. Willst du dich mit dir selbst auseinandersetzen, musst du damit rechnen, dass dabei auch unangenehme Themen behandelt werden müssen. Du musst vielleicht ein altes Trauma aufarbeiten, du musst dir einen Fehler eingestehen oder an negative Ereignisse zurückdenken, die du am liebsten aus deinem Bewusstsein verbannt hättest, und

trotzdem wirst du letzten Endes nur davon profitieren. Schaffst du es, sowohl die negativen als auch die positiven Aspekte, Entscheidungen und Erinnerungen deines Lebens zu reflektieren, dann wächst du. Nur so kannst du dich weiterbewegen, neue Abenteuer wagen und dich weiterentwickeln.

»Die Definition des Wahnsinns ist, immer dasselbe zu tun und ein anderes Ergebnis zu erwarten.«

- Albert Einstein

Einstein hatte recht. Du kannst nicht erwarten, dass sich irgendetwas in deinem Leben verändern wird, wenn du selbst nichts veränderst. So sehr wir es uns auch wünschen, Veränderung erfordert Wandel, Motivation und Bewegung. Wer Däumchen dreht und auf ein Wunder wartet, bleibt oft enttäuscht zurück. Deshalb möchte ich dir zeigen, wie du dich selbst kennenlernen und dir in weiterer Folge auch selbst treu bleiben kannst.

Das Vision Board

Ob Collage, Dream Map oder Vision Board, wie auch immer du es nennen möchtest, das Niederschreiben und Bebildern deiner Träume und Ziele ist sinnvoller als du vielleicht vermutest. Sobald du eine Idee aus deinem Kopf auf ein Blatt Papier bringst, visualisierst du dieses Ziel viel klarer und es wird sofort realer. In der Sekunde,

in der dein Stift das Blatt Papier berührt und die Worte verewigt werden, öffnest du dich für deine Ziele auf eine völlig andere und neue Art und Weise. Sobald dein Ziel niedergeschrieben ist, hat es einen anderen Wirkungsgrad, eine andere Wertigkeit und du bist automatisch viel offener, Momente in deinem Leben anzunehmen, die dich deinen Zielen näherbringen. Ich bringe meine Ziele seitdem ich 13 Jahre alt bin auf Papier. Wobei ich mich heute einer moderneren, nicht weniger wirkungsvollen Methode bediene. Was früher das Plakat oder die Collage war, die mit viel Liebe, Uhu-Kleber und ausgeschnittenen Bildern aus Magazinen gebastelt über meinem Bett hing, ist heute mein Pinterest Board. Viel hat sich im Grunde nicht geändert, mein Vision Board passt jetzt in meine Hosentasche und ich kann es mir ansehen, wann immer ich will. Auf dieses virtuelle Board pinne ich seit Jahren, wie damals auf mein analoges Vision Board, meine Ziele und Träume.

Folgend habe ich dir ein leeres Vision Board beigefügt. Trage deine Träume, Wünsche und Ziele dort ein, oder nutze es als Inspiration für dein eigenes, individuelles Vision Board.

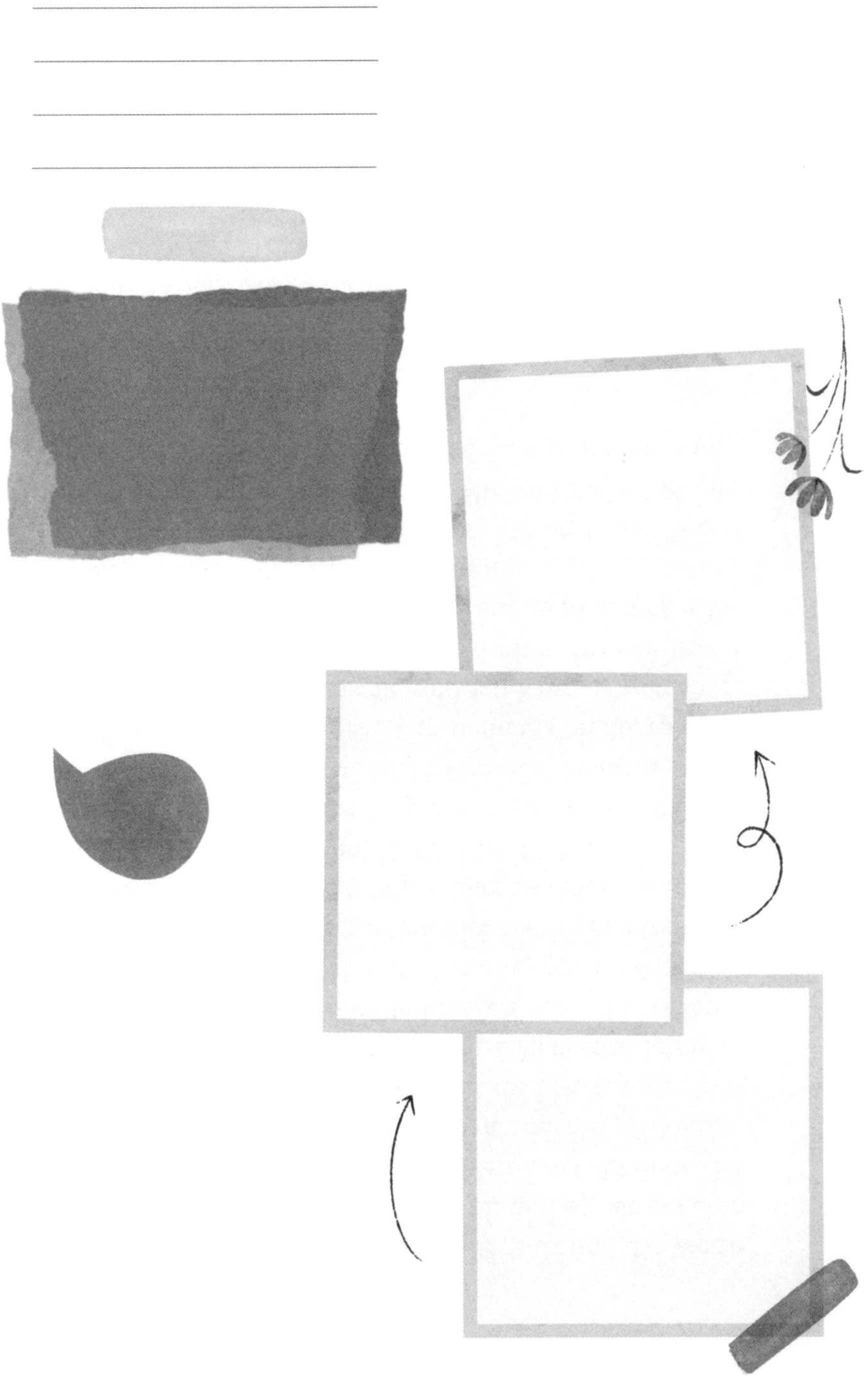

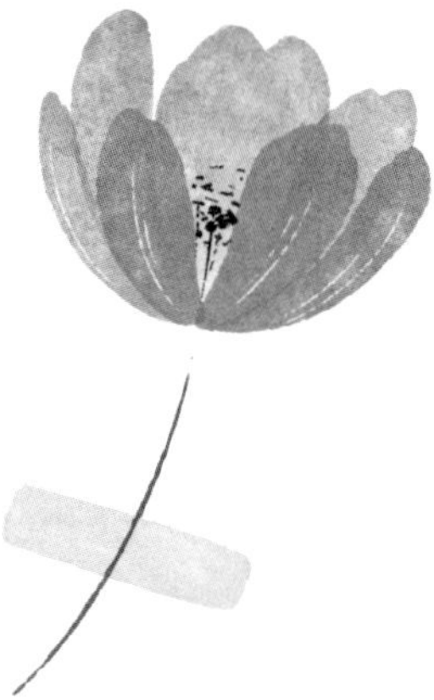

MEIN VISION BOARD

Mein Vision Board trägt den Titel »The Power of Visualisation«, also die Kraft der Visualisierung. Jedes Bild, das auf diesem Board zu finden ist, hat eine ganz besondere Bedeutung für mich. Manche Träume und Ziele darauf habe ich bereits erreicht, andere sind noch in Arbeit. Einer meiner größten Träume war wohl mein eigenes Haus auf Bali. Ich verbringe sehr viel Zeit auf der Insel, sie ist mittlerweile mein Zuhause, und vor einigen Monaten erklang endlich der Startschuss für den Hausbau. Die Villa auf Bali ist schon seit fünf Jahren ein Pin auf meinem Board. Außerdem wollte ich zum Beispiel schon immer mal erste Klasse fliegen. Nicht etwa, weil ich nach Luxus strebe, oder die zweite Klasse nicht ausreicht, aber ich war schon immer neugierig, wie sich so ein erstklassiger Flug wohl anfühlen sollte. Auch diesen Pin habe ich mittlerweile in die Wirklichkeit umgesetzt. Obwohl das Erlebnis wenig aufregend und das Essen sehr enttäuschend war, ist es trotzdem schön, einen weiteren Traum erfüllt zu haben. Ich sehe mir mein Vision Board immer und immer wieder an. Egal, was du dir wünscht, egal, wie du dir deine Traumzukunft vorstellst, ein Vision Board kann dir dabei helfen, diese Vorstellungen zu konkretisieren und zu visualisieren. Ob ein Traum vom Leben unter Palmen, ein Karrierewechsel oder auch der nächste Schritt in deiner Beziehung: Deiner Fantasie und deinen Träumen sind auf dem Vision Board keine Grenzen gesetzt. Je konkreter und bildlicher, desto besser. Such dir am besten noch heute ein Stück Papier, einen Karton, ein Plakat oder nimm dein

Handy zur Hand, oder nutze das leere Board der vorigen Seite und schreibe zumindest ein Ziel noch heute nieder. Virtuell oder analog, das ist völlig egal. Du kannst auch diese freie Zeile in diesem Buch nutzen, um deinen ersten Traum, dein erstes Ziel, den ersten Baustein deines Vision Boards zu verewigen. Hauptsache du fängst damit an, die Kraft des Visualisierens zu nutzen und dich so besser kennenzulernen.

Mein Ziel: ______________________________

Der perfekte Tag

Eine zweite Strategie, um dich selbst besser kennenzulernen und um deine Zukunft nach deinem Geschmack zu planen, ist das Visualisieren deines perfekten Tages. Ich visualisiere ihn seit Jahren. Angefangen hat alles mit einer Meditation. Unter dem Titel »Envision your perfect day« habe ich Schritt für Schritt meinen perfekten Tag in meinen Gedanken durchlebt.

Was ist dein perfekter Tag? Wie wachst du auf? Wie fühlst du dich?
Was machst du? Welche Eindrücke sammelst du?
Welche Personen sind bei dir? Wo bist du?

Mache dir über diese Fragen Gedanken. Am besten so detailliert wie möglich und dann versuche, diesen Tag so oft wie möglich in deinem Kopf Revue passieren zu lassen. Mache deinen perfekten Tag zu deinem Lieblingsfilm,

den du dir immer und immer wieder vor dem Einschlafen, am Weg in die Arbeit oder unter Dusche ansiehst. Ich habe meinen Film besonders oft angesehen und wusste ganz genau, wie mein perfekter Tag aussieht: Ich wache mit meinem Freund, den ich über alles liebe, gemeinsam nach einer erholsamen und ruhigen Nacht auf und arbeite dann an einem Projekt für meine Selbstständigkeit, das mir besonders Spaß macht, an dem ich für mich arbeite, an dem ich viel Geld verdiene, ein Projekt, an welchem ich mit Leidenschaft arbeite und welches mich in meinem Unternehmertum deutlich voranbringt. Ich wohne in einem unglaublich tollen Apartment, einer Art Penthouse, mit einmaligem Ausblick über die Küste Kapstadts, mitten zwischen Großstadtdschungel und erhabenen Kliffs. Zu Mittag koche ich dann ein grandioses Lunch, schmackhaft, dennoch gesund, für mich und meinen Freund, welches meinen Körper und meinen Geist nährt und mir genügend Energie für den Rest des Tages gibt. Danach treffe ich meine Liebsten, meine Familie, meine Freunde, all die Menschen, die mir Glück und Positivität schenken und die mein Herz erwärmen. Im Anschluss geht es mit meinen Freunden in ein exklusives Restaurant, wo wir gemeinsam ein vorzügliches Sechs-Gang-Dinner genießen und ein paar anregende Gespräche führen. Zuletzt lege ich mich wieder mit meinem Freund zu Bett und schlafe wunschlos glücklich und erfüllt mit einer inneren Zufriedenheit in seinen Armen ein.

Am 16. Februar 2021 habe ich meinen perfekten Tag tatsächlich erlebt. Den Tag, den ich schon seit Jahren

visualisiere. Ich lebe schon lange kein konventionelles Leben mehr. Wenn ich nicht gerade in Bali oder in Österreich bin, dann bin ich in Kapstadt, meiner dritten Heimat. Letzten Februar haben wir in einem Penthouse in einem riesigen Tower gehaust, mit einem Ausblick über die gesamte Stadt. Ich bin aufgewacht, neben meinem Freund, habe an einem spannenden und erfüllenden Projekt gearbeitet und dann zu Mittag ein schmackhaftes Lunch zubereitet. Meine Eltern waren gerade in Kapstadt zu Besuch und wir haben den gemeinsamen Nachmittag damit verbracht, uns die Stadt anzusehen, den Strand zu erkunden und die Wärme zu genießen, während es in der österreichischen Heimat fröstelte. Am Abend ging ich mit meinen besten Freunden Abendessen und als ich dann wieder in unserem Penthouse im Bett neben meinem Freund lag, wurde mir bewusst: »Wow, unfassbar. Ich habe gerade meinen perfekten Tag gelebt. Genauso, wie ich ihn visualisiert habe.«

Egal, wie dein perfekter Tag aussehen mag, egal wie spektakulär oder auch wie simpel das Bild in deinem Kopf dazu ist, hole es dir immer und immer wieder vor Augen und glaube ganz fest daran, dass dieser Tag irgendwann genauso passieren wird.

Sprechen ist Gold

Die Selbstreflexion hat nicht immer nur etwas damit zu tun, stillschweigend nachzudenken. Auch das Sprechen über die eigenen Ziele und die Vorstellungen über das

Leben können dabei helfen, sich selbst besser kennenzulernen. Außerdem kann das Verbreiten deiner Ziele genauso hilfreich bei deren Umsetzung und Verwirklichung sein wie das Niederschreiben oder das Visualisieren. Je mehr Menschen du also von deinen Zukunftsplänen erzählst, desto höher ist die Chance, dass du diese auch irgendwann erreichen wirst. Einerseits weiß dein Umfeld so von deinem Vorhaben, du willst ihnen in Folge auch beweisen, dass du es schaffst, hast noch mehr Ansporn und die Idee ist so viel präsenter, als würdest du sie nur für dich behalten. Außerdem öffnest du dir selbst völlig neue Möglichkeiten, sobald du mit Menschen aus deinem Umfeld sprichst. Wissen sie über dein Vorhaben Bescheid, vernetzen sie dich vielleicht mit den richtigen Menschen, sie denken an dich, wenn sie von einer innovativen Idee hören, die in dein Feld passt und sie können dir Angebote machen, von denen du sonst nie gehört hättest.

Setze klare Intentionen

Kritisch zu reflektieren und sich selbst objektiv zu beobachten, ist in heutigen Zeiten oft kompliziert. Uns werden tagtäglich auf den sozialen Medien Ideale vorgelebt, die nicht realistisch sind und mit denen wir uns gar nicht erst vergleichen sollten. Auch wenn die sozialen Medien Teil meines Businesses sind, so finde auch ich, dass die Selektion der Inhalte, die wir uns ansehen, wahnsinnig wichtig ist. Folge nicht zu vielen

Menschen, vor allem nicht jenen, die Selbstzweifel in dir auslösen. Genauso wie du dich selbst kritisch reflektieren und analysieren solltest, musst du das auch mit dem Content machen, den du dir tagtäglich ansiehst. Ich habe vier Kriterien erstellt, die dir bei der Auswahl deines wahrgenommenen Contents helfen können:

Motiviert er dich?

Inspiriert er dich?

Unterhält er dich?

Beeinflusst er dich auf eine positive Art und Weise?

Kannst du zumindest eine dieser Fragen während des Betrachtens von Content mit Ja beantworten, dann musst du dir keine Sorgen machen. Kannst du allerdings keine dieser Fragen bejahen, dann solltest du der Person oder dem Account, dessen Content dich weder motiviert noch inspiriert noch unterhält oder positiv beeinflusst, schleunigst entflogen. Denn er tut dir nicht gut.

Anstatt früh morgens nach dem Aufstehen sofort das Handy in die Hand zu nehmen und zu scrollen, dich zu vergleichen und bereits vor dem Frühstück in Selbstzweifel zu verfallen, kann es fördernd sein, klare Intentionen zu setzen. Nutze die erste Stunde oder auch die ersten dreißig Minuten deines neuen Tages für dich, nicht für andere. Überlege dir, was du heute erreichen

möchtest, welche Sache du unbedingt erledigen willst und wofür du besonders dankbar bist. Am besten, du versuchst mindestens eine Intention zu setzen und zumindest drei Dinge zu identifizieren, für die du dankbar bist.

Dankbare Menschen sind glückliche Menschen.

Ohne Dankbarkeit kommen wir Menschen im Leben nicht weiter. Zumindest sehe ich das so. Wir können in unserem Leben keinen weiteren Erfolg erfahren, wenn wir nicht für die Dinge und Errungenschaften dankbar sind, die wir bis jetzt erreicht haben. Wieso sollten wir auch belohnt werden, wenn wir mit unserem Jetzt-Zustand nicht zufrieden sind und die positiven Wendungen nicht schätzen können? Anstatt deinen Tag mit negativen Gedanken darüber zu starten, worauf du eifersüchtig bist, woran es dir fehlt oder was du nicht hast, versuche Positivität und Motivation in den Vordergrund deines Mindsets zu rücken. Abends ist es außerdem sinnvoll, den Tag Revue passieren zu lassen, das eigene Verhalten zu analysieren und zu reflektieren. Außerdem ist es auch in den späteren Stunden des Tages ratsam, vom Scrollen Abstand zu nehmen. Auch wenn ich mich als Digital Native bezeichne, so achte auch ich darauf, nicht in der virtuellen Welt stecken zu bleiben. Ich habe meine eigene Zwölf-Stunden-Regel entwickelt. Von neun Uhr in der Früh, bis neun Uhr am Abend darf ich mich im Internet, auf Instagram, TikTok, Facebook

und YouTube aufhalten, scrollen, liken und surfen. Zwischen neun Uhr abends und neun Uhr morgens ist allerdings Social-Media- und Handy-freie Zeit. So kann ich die ersten und die letzten Stunden meines Tages für mich, für Selbstreflexion, Dankbarkeit und das reale Leben nutzen, ohne mich beeinflussen zu lassen. Auch wenn es anfangs schwer erscheint und der Griff zum Handy verlockend ist, bitte ich dich, für eine Woche meiner Zwölf-Stunden-Regel zu folgen, sie zumindest auszuprobieren und gerne auch in deinen Lebensstil zu integrieren.

Willst du dir in deinem Leben selbst treu bleiben, so musst du wissen, was du willst. Du musst dir bewusst werden, was dich glücklich macht, welche Ziele du verfolgst und wer du bist. Das Visualisieren deiner Träume und das kritische Selbstreflektieren stellen den ersten Schritt in Richtung Selbstfindung dar. Ob du lieber über deine Zukunft sprichst oder sie mit Bildern an dein Vision Board pinnst, bleibt dir überlassen, Hauptsache du erkennst, wie du dein Leben gestalten willst und welche Aspekte dir dabei besonders wichtig sind.

ENTDECKE DEINE CORE VALUES

Der einfachste Weg, um dich selbst besser kennenzulernen und dir bei Entscheidungen treu zu bleiben, ist über deine Core Values, also deine Grundwerte. Diese Grundwerte können als eine Art persönliche Ethik

verstanden werden, die dich bei der Entscheidungsfindung, dem Aufbau von Beziehungen und dem Lösen von Problemen unterstützen können. Sie zeigen dir auf, was dir besonders wichtig ist und gelten als Grundlage der Persönlichkeitsfindung. Hast du sie erst einmal identifiziert, wirst du schnell merken, wie unglaublich kraftvoll und hilfreich sie bei deinen zukünftigen Entscheidungen sein werden und wie wertvoll sie sind.

Meine Core Values habe ich bereits vor einigen Jahren definiert. Während ich mich intensiv mit meiner Persönlichkeitsentwicklung und dem Kennenlernen meines Selbst befasst habe, bin ich über diese Core Values gestolpert. Anfangs hatte ich keine Ahnung, was diese Werte genau definieren sollten, relativ schnell habe ich allerdings realisiert, dass hinter dem einfachen Testsystem und den damit verbundenen Ergebnissen, den eigenen drei Core Values, sehr viel mehr als nur ein lahmer Psychoanalyse-Trick steckt. Bevor ich dir meine Core Values vorstelle und dir erkläre, was das konkret für mich, mein Leben und meine Entscheidungsfindung bedeutet, würde ich gerne gemeinsam mit dir deine Core Values identifizieren. Vertraue mir, sie werden dir in deinem Leben sicherlich noch eine Hilfe sein und vielleicht sogar dein Mindset ändern.

Abenteuer	Ehrlichkeit	Frieden
Anerkennung	Einfluss	Gemeinschaft
Authentizität	Empathie	Genuss
Autonomie	Entschlossen-heit	Gerechtigkeit
Autorität	Familie	Gesundheit
Balance	Freiheit	Glaube
Belastbarkeit	Freundlichkeit	Glücklich sein
Dankbarkeit	Freundschaft	Herausforde-rung

Harmonie	Loyalität	Religion	Spiritualität
Humor	Mitgefühl	Reputation	Stabilität
Kompetenz	Mut	Respekt	Status
Kreativität	Neugier	Ruhm	Unabhängigkeit
Leidenschaft	Offenheit	Schönheit	Verantwortung
Leistung	Optimismus	Sicherheit	Vertrauenswürdigkeit
Lernen	Patriotismus	Sinnvolle Arbeit	Weisheit
Liebe	Reichtum	Spaß	Zusammenarbeit

Sieh dir diese Liste genau an und versuche herauszufinden, welche dieser Werte dir besonders wichtig sind, mit welchen du dich identifizieren kannst und welche dir eher zweitrangig erscheinen. Streiche all die Werte weg, die für dich irrelevant sind und schreibe dann deine Top Ten nieder:

1. ______________________________

2. ______________________________

3. ______________________________

4. ______________________________

5. ______________________________

6. ______________________________

7. ______________________________

8. ______________________________

9. ______________________________

10. ______________________________

Jetzt gilt es, erneut auszusortieren. Spiele die zehn Werte gegeneinander aus, vergleiche sie miteinander und

entscheide dich dann für die fünf Werte, auf die du keinesfalls verzichten kannst.

1. ______________________________

2. ______________________________

3. ______________________________

4. ______________________________

5. ______________________________

Hast du es geschafft, alle oben angegebenen Werte auf lediglich fünf zu reduzieren, bist du schon fast am Ziel. Auch wenn du am liebsten alle behalten würdest, bitte ich dich nun trotzdem, ein letztes Mal abzuwägen. Welche drei Werte definieren dich, deine Ziele, deine Lebensweise und dein Dasein am besten? Welche drei Werte könnten die Grundlage deiner Entscheidungsfindung und deines künftigen Lebens sein? Was ist dir wirklich wichtig? Überlege genau, was die einzelnen Begriffe konkret für dich bedeuten, was sie alles umfassen und welche Relevanz sie für dein Leben und dein Glück haben. Ordne deine drei finalen Core Values nun auch noch untereinander nach Wichtigkeit an und halte sie hier fest:

1. ______________________________

2. ______________________________

3. ______________________________

Nun hast du deine drei Core Values gefunden. Behalte sie dir unbedingt im Gedächtnis, sie werden dir im Laufe deines Lebens noch bei vielen Entscheidungen helfen und maßgeblich daran teilhaben, dass du dir künftig selbst treu bleibst. Mein Leben hat sich grundlegend verändert, nachdem ich meine Core Values auf eine ähnliche Weise wie du identifiziert habe.

1. Glücklich sein

Core Values und deren Gewichtung können sich im Laufe deines Lebens verändern. Meine drei Werte an sich sind zwar seit Identifizierung die Gleichen, allerdings hat sich die Reihenfolge über die Jahre aufgrund von Erfahrungen geändert. Heute steht ganz klar Glück und Zufriedenheit auf meinem Platz Nummer eins. Wir alle haben voraussichtlich nur ein Leben. Dieses eine Leben kann allerdings ausreichen, wenn du es so lebst, dass du damit zufrieden bist und deine Entscheidungen so triffst, dass sie dich auch glücklich machen.

You can't control your day, but you can control, how you respond to it.

Wir können zwar nie vorhersehen und planen, was uns widerfahren wird und wie unser Tag verlaufen wird, aber wir alle können uns in jedem Moment selbst entscheiden, wie wir uns fühlen. In meinen Augen hat nichts eine Bedeutung, außerhalb der Bedeutung, die wir einer Sache geben. Während ein Ereignis für eine Person niederschmetternd sein kann, denkt sich die andere Person »Ach, halb so wild«. Letzten Endes liegt es an dir, welche Bedeutung du Ereignissen, Gefühlen und Handlungen zuschreibst und auch nur du kannst jederzeit entscheiden, wie du dich fühlst, was der Grund-Tenor deines Lebens ist und ob für dich glücklich zu sein ganz oben auf der Liste der Prioritäten steht.

2. Freiheit

Freiheit war früher immer die Nummer eins meiner Core Values. Ich dachte immer, Freiheit bedeutet, die Welt zu bereisen, zu arbeiten, wo und wann ich möchte und ungebunden zu sein. Doch nach meinem Unfall hat sich mein Verständnis für Freiheit drastisch geändert. Freiheit bedeutet, einen gesunden Körper zu haben, eigenständig die Toilette zu besuchen, gehen zu können und nicht ständig auf die Hilfe anderer Menschen angewiesen zu sein. Freiheit bedeutet tun zu können, wonach dir ist, in jedem Moment. Ich habe Freiheit immer mit Ortsunabhängigkeit, Reisen und Bewegung gleichgesetzt. Dabei ist Freiheit so viel mehr, und so anders

als ursprünglich angenommen. Freiheit kann auch bedeuten, in einem Einfamilienhaus am Land zu wohnen, Hausfrau und Mutter zu sein, solange du dich frei dafür entscheidest. Freiheit bedeutet, deinem Willen zu folgen, das zu tun, was du tun willst und nicht, welchen Job du ausübst oder welche Länder du bereist. Für mich bedeutet Freiheit vor allem, das zu machen, was ich will, wann ich will, wie ich will, wo ich will und mit wem ich will. Außerdem bedeutet Freiheit für mich, Zeit zu haben. Zeit, für die Menschen, die mir am Herzen liegen und für die, die mir Energie schenken. Ich möchte diese Menschen zu meiner Priorität machen können und die Arbeit und meine Verpflichtungen auch mal hinten anstellen, um den wichtigen Menschen meines Lebens die Zeit, ein Ohr und die Priorität zu schenken. Familie und Liebe zählen nicht zu meinen drei wichtigsten Core Values, da sie für mich in der Zufriedenheit inkludiert sind und ich ihnen durch die Freiheit die Priorität, die sie verdient haben, schenken kann.

Nach meinem Unfall wurde mir klar, ich hatte Freiheit für mich völlig falsch interpretiert. Auch wenn mir die ursprünglichen Gedanken dahinter, in allen Lebenslagen frei zu sein, ob im Beruf, in der Beziehung, oder dem Wohnverhältnis, noch immer unglaublich wichtig sind, so habe ich die Reihung meiner Core Values nach meinem Unfall überdacht. Freiheit ist noch immer ganz vorne dabei, allerdings hat Glück und Zufriedenheit heute einen noch höheren Stellenwert für mich.

3. Ehrlichkeit

Meinen dritten Core Value bildet die Ehrlichkeit. Ich bin grundsätzlich ein sehr ehrlicher und direkter Mensch und erwarte das auch von meinem Umfeld. Ich kommuniziere ehrlich und offen und halte nicht viel von Lügen, Intrigen und Versteckspielen, da ich der festen Überzeugung bin, dass die Wahrheit immer ans Licht kommt und Lügenkonstrukte schlecht für die Psyche sind. Natürlich verlangt es in Punkto Ehrlichkeit auch an Fingerspitzengefühl, denn die direkte ungefilterte Wahrheit kann deine Mitmenschen verletzen, sie zumindest überraschen, deswegen ist Achtsamkeit und Sensibilität ausschlaggebend, wenn du gnadenlos ehrlich durchs Leben schreiten möchtest.

Egal, ob es hier um die Ehrlichkeit und Transparenz eines potentiellen Arbeitgebers oder Freundes geht, oder um die Ehrlichkeit zu mir selbst, auch dieser Wert beeinflusst meine Entscheidungen maßgeblich und ist mir sehr wichtig.

Deine Prioritäten und deine Kernwerte können sich laufend ändern. Das ist auch völlig in Ordnung, solange du regelmäßig evaluierst, ob deine festgelegten Core Values noch gelten, oder ob sie und ihre Reihung angepasst werden müssen. Grundsätzlich solltest du deine nun hoffentlich evaluierten Core Values ab sofort in jede größere Entscheidungsfindung miteinfließen lassen. Willst du dir in deinen Entscheidungen selbst treu bleiben und das tun, was du wirklich willst, musst du sie

unbedingt in deine Denkprozesse miteinbeziehen. Ich lasse jede meiner Entscheidungen durch meine Core Values fließen. Ein Grund dafür, dass ich mich oft so anders entschieden habe, als es die Mehrheit der Menschen getan hätte, führt auf meinen Core Value Freiheit zurück. Ihm habe ich zu verdanken, dass ich mich gegen ein Jobangebot entschieden habe, welches eigentlich kaum einen Wunsch offengelassen hätte. Wegen ihm habe ich mich auch gegen ein klassisches Beziehungsmodell, sogar gegen ein klassisches Wohnmodell entschieden. Stehst du vor einer wichtigen Entscheidung, denke an deine Core Values. Für mich war es immer essentiell, dass zumindest zwei meiner drei Kernwerte mit dem Resultat meiner Entscheidung im Einklang sind. Hat es das Glücklichsein in deine Top drei geschafft, dann frage dich, ob dich dieser Weg, diese Ausbildung, dieser Job oder dieser Umzug auch wirklich glücklich machen wird. Nicht nur in diesem Moment, sondern auch in der Zukunft. Denn deine Entscheidung muss dich entweder im Jetzt oder in der Zukunft, im Idealfall natürlich jetzt und zukünftig, glücklich machen. In meinem Fall würde ich sofort an die Freiheit und die Ehrlichkeit denken. Treffen diese Faktoren mit deiner Entscheidung überein? Sind zumindest zwei deiner drei Kernwerte mit deiner Entscheidung vereinbar, hast du bereits einen sehr guten Indikator dafür, die richtige Wahl getroffen zu haben, selbst wenn andere Werte, wie Ruhm, Status oder Verantwortung, Werte, die dir persönlich nicht all zu wichtig erscheinen, unerfüllt bleiben.

DEFINIERE DEINE NO-GOS

Wir alle definieren unser Glück, ob bewusst oder unbewusst. Viele Menschen fertigen Listen an, wissen genau, wie ihr perfekter Mann, ihr perfektes Haus und der perfekte Job auszusehen haben. Egal, ob Anforderungslisten, Vision Boards oder Tagebücher, Träume, Ziele und Wunschvorstellungen haben wir alle mit Sicherheit, zumindest in unseren Köpfen, festgehalten. Doch kaum jemand definiert seine No-Gos, dabei können sie uns dabei helfen herauszufinden, wer wir tatsächlich sind, was wir wollen und wie wir unser Leben auf uns abgestimmt am besten gestalten können.

Ähnlich dem Identifizieren der eigenen Core Values, sollten wir Gleiches auch für unsere No-Gos tun. Wir sollten uns darüber Gedanken machen, was wir für unser Leben absolut nicht wollen, denn auch das bringt Erkenntnis und Klarheit. Was ist für dich beispielsweise in einer Beziehung ein absolutes No-Go? Welche Red Flags sind für dich besonders abstoßend? Welchen Job könntest du niemals ausüben? Überlege dir, welche No-Gos es für dich ganz persönlich, in den verschiedensten Lebensbereichen gibt. Von Freundschaft, über Ausbildung und Job, bis hin zu Freizeitgestaltung, Wohnverhältnissen und Beziehung. Ich weiß zum Beispiel, dass Kontrolle in einer Liebesbeziehung für mich ein absolutes No-Go ist. Würde mein Freund mir verbieten wollen auszugehen, würde er mir vorschreiben, was ich zu tun habe, wann ich zu Hause zu

sein habe und wen ich treffen darf, dann müsste ich die Beziehung überdenken, Gespräche führen und bei Uneinsichtigkeit seinerseits die Beziehung beenden. Auch in der Arbeitswelt kann die Definition von No-Gos sehr hilfreich sein. Ich habe mich bereits in einigen Bereichen und Firmen ausprobiert, darüber erzähle ich dir auch später noch mehr, und als ich bemerkte, dass ich mich dazu zwingen muss, keine Freude an der Arbeit habe oder von Druck und Stress zermürbt werde, wusste ich, ich stoße auf No-Gos, die sich nicht mit meiner Wahrnehmung eines glücklichen Lebens und meinen Core Values vereinbaren lassen.

Vermeintliche Fehlschläge zeigen dir deine No-Gos auf!

Klappt etwas nicht, wurdest du gekündigt oder hast selbst eine Beziehung, ein Arbeitsverhältnis, eine Ausbildung oder gar eine Freundschaft beendet, dann ist das keinesfalls ein Fehlschlag, sondern eine Möglichkeit, sowohl deine Core Values, als auch deine No-Gos zu überdenken und anzupassen. Du merkst in diesen Momenten, was dir nicht liegt, was du nicht willst oder was einfach nicht sein soll. Du darfst niemals Angst davor haben, zu versagen, denn jede Niederlage ist im Grunde eine große Bereicherung für dein Leben und das Finden deiner Selbst. Ich habe bereits an unzähligen Projekten mitgearbeitet, Fehler gemacht und Niederlagen erfahren. Anstatt aufzugeben, habe ich analysiert, woran es gelegen haben kann, was ich in Zukunft anders machen

könnte und was ich auch gar nicht erst mehr versuchen will. Rückschläge und Fehler sind so viel lehrreicher, als ständig heitere Wonne und auch wenn die vermeintliche Niederlage im ersten Moment Wut, Trauer oder Enttäuschung in dir auslöst, solltest du doch immer die positiven Aspekte sehen und unbedingt daraus lernen, deine No-Gos anpassen und künftig von dieser Erfahrung profitieren.

Du lernst erst dann, wenn es hart wird.

Ich werde dir noch im Detail verraten, wie ich mit Krisen, Niederlagen und Rückschlägen umgehe und was auch du vielleicht daraus mitnehmen kannst. Was ich dir allerdings nicht vorenthalten will, ist der Lerneffekt, den die oft als negativ wahrgenommenen Erfahrungen mit sich bringen. Durch sie lernst du, was für dich wichtig ist, was du nicht willst und wer du bist. Hast du deine ersten No-Gos bereits formuliert und bist dir aufgrund von gescheiterten Beziehungen und vergangenen Arbeitsverhältnissen bereits deiner No-Gos bewusst, gilt es nun, auch standhaft zu bleiben. Behandelt dich dein Partner nicht angemessen oder hast du das Gefühl, dein Beruf erfüllt einige No-Gos, dann musst du schnell handeln. DU musst bereits bei dem ersten Aufblitzen eines potentiellen No-Gos reagieren, äußern, dass dieses Verhalten für dich nicht in Ordnung ist und fordern, dass es nicht erneut zu einer ähnlichen Situation kommt. Geschieht dies trotzdem, ist es an der Zeit zu

gehen. Je eher du dir über deine No-Gos bewusst wirst und je genauer du sie formulierst, desto schneller wirst du auch einschreiten, sollte die Situation danach verlangen. Außerdem wirst du selbstbewusster und kannst deine Wünsche klarer formulieren. Wer seine No-Gos nicht kennt, der tendiert viel eher dazu, sich von einem Partner schlecht behandeln zu lassen, viel durchgehen zu lassen und nicht für sich selbst zu sprechen.

Immer wieder beobachte ich Menschen, die eine Ausbildung absolvieren, für einen Job, in dem sie sich gar nicht sehen. Ich sehe Menschen in einer Beziehung mit einem Partner, der ihnen nicht guttut, der nicht das ist, was sie sich tief aus dem Herzen heraus wünschen. Ich lerne junge, ambitionierte Unternehmer kennen, die sich ausnutzen lassen. Allesamt, weil sie keine klaren No-Gos definiert haben.

VOM DENKEN INS TUN

Wir denken wahnsinnig viel über unserer Entscheidungen nach, zerdenken jeden kleinen Schritt in unserem Leben und vergessen dabei oft, Dinge auch einfach mal auszuprobieren, ohne zu grübeln, ohne die Risiken zu analysieren und ohne an die Meinung des Umfelds zu denken. Die Menschheit scheint viel zu träumen, zu denken und zu reden, wenn es allerdings an die Umsetzung kommt, mangelt es oft an Selbstbewusstsein und Tatendrang. Der erste Schritt ist getan, wenn du weißt,

wer du bist. Hast du deine Core Values definiert, werden dir Entscheidungen in Zukunft um einiges leichter fallen, zumindest werden sie deinen Core Values entsprechen und daher nachhaltig zu deiner Zufriedenheit beitragen. Starte im Idealfall bereits heute damit, deine Visionen und Träume zu formulieren. Um den Effekt und die Kraft dieser Formulierungen zur Gänze auszuschöpfen, lohnt es sich, sie in welcher Form auch immer zu materialisieren. Schreibe sie nieder, male sie auf, nutze ein Vision Board, um sie zu visualisieren, oder halte sie in digitaler Form, so wie ich, fest. Sprichst du deine Gefühle und deine Wünsche aus oder hältst sie schriftlich, bildlich, oder digital fest, so förderst du deren Wahrwerden und rückst sie sowohl für dich als auch für dein Umfeld, bewusst oder unbewusst, in den Vordergrund.

Ebenso wichtig wie das Identifizieren deiner Core Values, ist das Ausmachen der No-Gos. Weißt du, was du nicht willst, fällt dir die Zukunftsplanung um einiges leichter, du weißt so auch mit Sicherheit, auf welche Erfahrungen du vielleicht verzichten solltest und wann es Zeit ist, einer Situation, einem Job oder einer Beziehung zu entkommen.

Mit genügend Selbstreflexion und der Einhaltung dieser Ratschläge kommst du deinem wahren Selbst bereits um ein großes Stück näher. Um tatsächlich an den Kern deiner Bedürfnisse zu gelangen, musst du deine Gedanken und deine Wünsche allerdings auch irgendwann in Taten umwandeln, dich ausprobieren. Nur so findest du heraus, was du wirklich willst. Da-

bei können Angst, Unsicherheiten, gesellschaftliche Normen und alte Glaubenssätze Hindernisse darstellen, die oft unumgänglich scheinen und dich von der Realisierung deines eigenen Lebens, so wie du es dir vorstellst, abhalten. Ich kenne diese Ängste, ich weiß, wie es ist, sich den gesellschaftlichen Erwartungen zu beugen und ich kann verstehen, dass vor allem junge Menschen Schwierigkeiten damit haben, sich selbst zu verwirklichen. Egal ob es um deinen Karriereweg, dein Beziehungsmodell, deinen Lebensstil oder deine generelle Vorstellung eines glücklichen Daseins geht, ich möchte dir im Folgenden zeigen, dass es immer eine Alternative gibt. Ich will dich vom Denken ins Tun verfrachten und dir zeigen, dass du deinem Leben deine ganz eigenen Regeln verpassen kannst.

ALTE GLAUBENSSÄTZE

Hast du endlich deine Träume und Ziele in dein Bewusstsein gerückt und weißt, was du erreichen willst, bleibt oft dieser bittere Beigeschmack. Es scheint unmöglich, das zu tun, wonach dir ist. Deine Träume scheinen unrealistisch und abgehoben, würdest du deinen Eltern, deinen Lehrern oder deinem Umfeld davon erzählen, würden sie dich für verrückt halten. Es scheint, als müsstest du Normen brechen, deine Familie enttäuschen, ein Außenseiter, Regelbrecher oder Rebell sein. Dabei ist es nicht deine Schuld, deine Träume sind nicht zu wild, deine Ambitionen nicht unrealistisch, sondern die Glaubenssätze und Überzeugungen, die in uns allen verankert sind, sind schuld daran, dass wir uns davor scheuen, uns selbst zu verwirklichen, und uns nie selbst treu bleiben.

Alte Glaubenssätze sind wahre Traumzerschmetterer. Ohne rationale Grundlage hindern sie uns daran, unser Leben so zu leben, wie wir uns das vorstellen. Sie hindern uns daran, Abenteuer zu wagen, Erfahrungen zu machen und ohne schlechtes Gewissen unseren eigenen Weg zu gehen. Sie schränken uns tagtäglich ein, ändern unsere Wahrnehmung und zwängen uns in Lebenswege, die uns auf Dauer nicht unbedingt glücklich machen.

Wir können gar nicht anders, als zu den Menschen zu werden, die uns umgeben.

Selbst wenn wir uns noch sehr dagegen wehren, als Teenager rebellieren und die Meinung unserer Eltern,

der Lehrer und unseres Umfelds nicht ernst nehmen, wir kommen nicht daran vorbei, ihre Ansichten, Werte und Glaubenssätze aufzunehmen und sie uns unbewusst anzueignen. Das beginnt unvermeidbar schon im frühesten Kindesalter und zieht sich so wie ein roter Faden aus veralteten Sichtweisen und fragwürdigen Richtlinien durch unser gesamtes Leben. Deine Eltern, Lehrer oder Verwandten meinen das auch keineswegs böse, sie sind selbst Opfer alter Glaubenssätze ihrer Vorfahren und ihres Umfelds, sind also keinesfalls die Schuldigen in dieser Sache, sondern sind eher Teil eines großen fehlerhaften Systems, einer Gesellschaft, die auf Grundwerten und Annahmen aufgebaut ist, welche heute schlichtweg nicht mehr angemessen sind. Oft verankern sich im Laufe unseres Heranwachsens gewisse Aussagen in unseren Köpfen, die wir aufgrund der hohen Frequenz in welcher wir diese erfassen, als wahr empfinden. Leider limitieren uns genau diese jahrelang eingetrichterten »Wahrheiten« und »Lebensweisheiten« massiv in unserer Selbstverwirklichung. Sie hindern uns daran, zu Individuen zu werden, sie schränken uns in unseren Möglichkeiten ein und sind Grund dafür, dass wir uns dem System anpassen, unsere Eltern zufriedenstellen wollen und unseren eigenen Drive völlig ignorieren. Um uns selbst treu zu bleiben und somit ein nachhaltig glückliches Leben zu führen, gilt es, diese alten Glaubenssätze, die falschen Wahrheiten zu identifizieren und in weiterer Folge aufzulösen.

WAS SIND GLAUBENSSÄTZE?

Glaubenssätze sind im Grunde Überzeugungen und Einstellungen, die wir für wahr halten und an denen wir uns in jeder Lebenslage orientieren. Sie sind quasi unsere eigene Ethik, nach der wir leben und nach welcher wir unsere Entscheidungen fällen. Sie prägen sowohl unser Selbstbild als auch die Wahrnehmung unserer Mitmenschen. Wie bereits erwähnt, entwickeln und festigen sich diese Glaubenssätze schon im frühen Kindesalter. Wir sehen unsere Eltern als Vorbilder, nehmen ihre Überzeugungen ungewollt und unbewusst an und sind geprägt durch unser Umfeld. Freunde, Familie das schulische und das kulturelle Umfeld spielen neben den Eltern eine weitere große Rolle in der Entwicklung unserer Überzeugungen. Wird dir beispielsweise als Kind immer wieder der negative Glaubenssatz: »Du kannst das nicht!« eingetrichtert, so wirst du diesen vielleicht bis ins Erwachsenenalter nicht mehr los und du lebst mit der Überzeugung, nicht gut genug zu sein.

Da Glaubenssätze in uns verankert sind, quasi in uns hineinprogrammiert sind, ist es auch ziemlich schwer, sich von ihnen zu lösen und überhaupt zu erkennen, dass manche davon nicht der Wahrheit entsprechen. Immerhin sind alte Glaubenssätze wie ein Regelbuch. Sie entscheiden, wie du dein Leben lebst, wie du Beziehungen führst und welchen Karriereweg du einschlägst. Sie entsprechen unserer Vorstellung vom Leben. Hinterfragen wir sie nicht, so stellen sie unsere

Realität dar, auch wenn sie oft weit von der Wahrheit entfernt sind.

Erkennst du allerdings, dass viele der Regeln deines Lebens nicht auf deinen Bedürfnissen, deinen Core Values und deinen Träumen und Zielen beruhen, sondern auf veralteten Glaubenssätzen der Gesellschaft, so verstehst du plötzlich, was dich tatsächlich am Verwirklichen deiner Vorstellungen hindert. Und zwar bist das nicht du, sondern die gesellschaftlichen Regeln und Normen, die falschen Wahrheiten, die Glaubenssätze, die dich seit Kindesalter begleiten. Versuchen wir also gemeinsam, uns von ihnen zu lösen.

1. Glaubenssätze erkennen

Bevor wir uns befreien und alte Glaubenssätze auflösen können, müssen wir die negativen Glaubenssätze, die uns begleiten und leiten, erst einmal erkennen. Neben typischen Glaubenssätzen beruhen verinnerlichte Werte und falsche Wahrheiten auch oft auf potentiellen Weisheiten und Sprichwörtern oder tauchen in Form von Verallgemeinerungen auf. Um dir bei ihrer Identifikation zu helfen, habe ich ein paar der häufigsten und ein paar der limitierendsten Glaubenssätze aufgelistet. Lies dir die folgenden Sätze, Sprichwörter und Weisheiten genau durch. Welche dieser Formulierungen triggern dich? Welche Sprichworte nutzt du vielleicht selbst? Welche Weisheiten, hast du bereits von deinen Eltern oder deinen Großeltern gehört? Welche dieser

Floskeln schießen durch deinen Kopf, wenn du davorstehst, etwas zu wagen? Versuche nicht, jeden Spruch zu zerdenken und höre vor allem auch auf dein Bauchgefühl. Entscheide dich spontan, um so auch unbewusste Glaubenssätze zu identifizieren. Setze einen Haken neben jede Formulierung, die in dir etwas auslöst, mit der du dich identifizieren kannst und die als Teil deiner inneren Überzeugung anzusehen ist.

Ohne Fleiß kein Preis
Entweder ganz oder gar nicht
Ein Indianer kennt keinen Schmerz
Ich bin nicht genug
Ich bin zu dumm
Ich bin langweilig
Das Leben ist kein Ponyhof
Ich scheitere sowieso
Reiche Menschen sind schlecht
Geld wächst nicht auf Bäumen
Die Welt ist ungerecht
Die Welt ist schlecht
Lieber auf Nummer sicher gehen
Jeder denkt nur an sich selbst
Wer schön sein will, muss leiden
Geld verdirbt den Charakter
Geld ist böse
Ich muss den anderen gefallen
Übermut tut selten gut
Man kann nicht einfach machen, was man will

Mit dem was Spaß macht, kann man kein Geld verdienen
Eine Frau sollte Kinder kriegen wollen
Früher war alles besser
Reden ist Silber, Schweigen ist Gold
Im Leben bekommt man nichts geschenkt
Das Leben ist ungerecht
Das Leben ist kein Wunschkonzert
Was Hänschen nicht lernt, lernt Hans nimmermehr
Liebe macht blind
Ordnung ist das halbe Leben
Erst die Arbeit, dann das Vergnügen
Erfolg macht einsam

Ich habe ***immer*** *Pech*
Alle *Männer sind untreu*
Mich nimmt ***nie*** *jemand ernst*
Das ***Leben*** *meint es nicht gut mit mir*
Niemand *liebt mich*

Nun bitte ich dich, folgende Satzanfänge zu ergänzen. Dies kann dir dabei helfen, unbewusste, eigene Glaubenssätze zu identifizieren. Nimm dir hierfür gerne etwas Zeit und denke bei jedem Satzanfang gründlich darüber nach, wie du ihn ergänzen würdest.

Alle Menschen ...
Immer ...
Ich kann nie ...
Ich bin zu ...

Frauen sind ...
Männer sind ...
Ich sollte nicht ...
Das Arbeitsleben ...
Ich muss immer ...
Das Leben ist ...

2. Finde den Ursprung

Und? Hast du bei einigen Glaubenssätzen und Formulierungen einen Haken gesetzt? Erkennst du Sprüche deiner Eltern aus deiner Kindheit wieder? Schaue dir jeden der Glaubenssätze genau an und versuche herauszufinden, ob sie tatsächlich das repräsentieren, was du fühlst. Erkennst du in diesen Glaubenssätzen deine wahre Überzeugung und deine völlig unvoreingenommene eigene Meinung wieder oder widerspiegeln sie doch eher die Ansichten und Anschauungen deines Umfelds, deiner Eltern und deiner früheren Bezugspersonen? Versuche eine kleine Reise in deine Vergangenheit anzutreten und erinnere dich an Situationen zurück, in denen du mit einem dieser alten Glaubenssätze konfrontierst wurdest. Kann es sein, dass dieser Moment, diese Sprichworte oder diese Überzeugungen deine späteren Entscheidungen und Weltanschauungen beeinflusst haben? Versuche auszumachen, wer oder was für gewisse verinnerlichte Glaubenssätze verantwortlich ist, denn es wird dir sehr dabei helfen, diese zu transformieren.

3. Transformiere negative Glaubenssätze

Ich liebe meine Eltern, aber auch sie haben mir, natürlich ohne falsche Intentionen, ein schönes Scheibchen an Irrglauben mitgegeben. Bereits in jungen Jahren durfte ich erfahren, dass ich für Geld hart arbeiten muss. Ich kann es ihnen auch nicht verübeln, früher war es tatsächlich so. Für Geld wurde hart, körperlich, intensiv und mit viel Anstrengung gearbeitet, vor allem im ländlichen Bereich. Selbst die Kinder mussten helfen und ständig gab es neue Aufgaben und Herausforderungen. Heutzutage ist es meiner Meinung nach etwas anders. Natürlich müssen wir Leistung bringen, intelligent und ambitioniert sein. »Von nix kommt nix«, ist beispielsweise einer meiner noch immer verinnerlichten Glaubenssätze, denn ich halte ihn für wahr. Dass wir allerdings hart für Geld arbeiten müssen, sehe ich mittlerweile anders, ich denke, wir müssen smart für unser Geld arbeiten.

»Carina, du kannst nicht alles haben«, verinnerlichte mir meine Mutter während wir gemeinsam den Wocheneinkauf erledigten. Wieso eigentlich nicht? Wieso kann ich nicht all das in meinem Leben haben, was ich will? Wer hindert mich daran? Wer schreibt mir vor, dass ich gewisse Dinge nicht erreichen darf? Nachdem ich mir darüber Gedanken gemacht habe, habe ich mir verinnerlicht, dass ich alles erreichen und haben kann, wenn ich mich anstrenge.

Um langfristige Veränderung in unserem Mindset erzielen können und um herauszufinden, wer wir tat-

sächlich sind, müssen wir lernen loszulassen. Wir müssen versuchen, diese Glaubensmuster, die nicht unserer wahren Überzeugung entsprechen, aufzulösen und zu transformieren. Aus »Ich bin nicht gut genug«, wird »Ich bin genau so richtig, wie ich bin«, aus »Carina, du kannst nicht alles haben«, wird »Ich kann alles erreichen, wenn ich mich anstrenge«. Egal, welcher Glaubenssatz dich an der Realisierung deiner Träume hindert, egal, welcher dein Selbstbewusstsein untergräbt und egal, welches Sprichwort dich in deine Schranken weist, löse sie auf und transformiere sie in etwas Positives, dreh sie um und entscheide für dich selbst, welchem Glaubenssatz du folgst und nach welchen Überzeugungen du lebst. Stelle dir diese negativen Glaubenssätze als eine Art Virus vor, die deine Festplatte angreifen. Starte einen Reboot und programmiere deine Gedanken neu.

4. Verankere deine neuen Glaubenssätze

Um sicherzustellen, dass deine neuen, transformierten und positiven Glaubenssätze nicht plötzlich wieder von den alten eingenommen werden, musst du sie in deinen Gedanken verankern. Wiederhole sie als Affirmationen in deinem Kopf, sprich sie aus und reflektiere. In herausfordernden Situationen, in den Momenten, in denen dich deine alten Glaubenssätze zurückgehalten haben, musst du ab jetzt deine positiven und für dich wahrhaftigen Überzeugungen heranziehen. Handle nun nicht mehr auf Basis der von deiner Familie und deinem Umfeld mitge-

geben Glaubenssätze, sondern lasse deine Entscheidungen und deine Handlungen auf den dir entsprechenden, transformierten und verinnerlichten Leitlinien basieren.

Geld ist nicht böse, du bist kein schlechter Mensch, wenn du Geld hast. Das Leben ist nicht immer ungerecht und das Leben kann sehr wohl ein Wunschkonzert sein. Halten wir allerdings Jahrzehnte oder gar Lebzeiten an diesen völlig falschen, teilweise veralteten Glaubenssätzen fest, dann nehmen wir tatsächlich nur die Negativität wahr. Wir denken und sind überzeugt davon, dass wir nicht gut genug sind, dass die Welt schlecht und Geld böse ist. Ich glaube, den meisten Menschen ist gar nicht bewusst, wie sehr sie ihr Leben durch fremdgegebene Überzeugungen limitieren. Schenken wir ihnen Glauben, begegnen wir anderen Menschen mit einem völlig anderen Grundvertrauen. Wir gehen automatisch vom Schlechten aus, ziehen das Negative an und haben kaum mehr Glauben in uns selbst.

Die Gedankenmuster, die wir in uns tragen, sind maßgeblich für die Bildung unserer äußeren Realität verantwortlich.

Ich bin überzeugt davon, dass unsere innere Welt die äußere Welt reflektiert, dass unsere Gedanken und Einstellungen gewisse Frequenzen anziehen. Um die Frequenzen anzuziehen, die wir erstreben, müssen wir aus den standardisierten Mustern und dem Schubladendenken, welche uns durch die alten Glaubenssätze mitgegeben werden, ausbrechen.

Schubladendenken macht vieles einfacher. Kommt eine Information auf dich zu, steckst du sie in eine Schublade, ohne viel darüber nachzudenken, ohne Zeit zu verschwenden und ohne Risiken einzugehen. Du stempelst in deinem Gehirn Eindrücke, Chancen und Menschen ab, weil du denkst, es ist richtig so. Der Haken daran ist, dass Box-Thinking vielleicht einfacher erscheint, gleichzeitig aber für die Selbstfindung extrem kontraproduktiv ist. Das Schubladendenken hindert dich daran, dir den Freiraum zu geben, deine Gedanken neu, nach deinem Ermessen zu strukturieren. Frage dich, was sind deine Schubladen? Denke konkret darüber nach, wie du zu Erwartungen, Beziehungen, Geld oder der perfekten Karriere stehst. Hast du gewisse Ansichten einfach angenommen, weil du es so oft gehört und so oft verinnerlicht bekommen hast? Oder entspricht es deinen wahren Überzeugungen?

Das Standarddenken unserer Gesellschaft ist sehr ausgeprägt. Am besten sollten wir heiraten, eine monogame Beziehung führen, rechtzeitig Kinder kriegen, hart arbeiten und uns dann über zwei Wochen Griechenland-Urlaub pro Jahr freuen. Gewohnheiten und Schubladen sind in keinster Weise immer etwas Schlechtes, ich beobachte allerdings immer öfter, dass Menschen sich gefangen fühlen. Sie können nicht ausbrechen, da sie die Schubladen und die Glaubenssätze nicht erkannt und umgewandelt haben. Ich liebe meine Freiheit, meine Flexibilität, von überall aus zu arbeiten und habe mir in vielen Lebensbereichen meine eigenen

Regeln, meine eigenen Glaubenssätze und meine eigene Philosophie erschaffen. Warum muss ich für jemand anderen arbeiten? Warum nicht für mich selbst? Warum kann ich kein Geld mit meiner Leidenschaft verdienen, mit dem, was mir Spaß macht? Wieso kann ich keine Beziehung haben, die mich frei sein lässt? Warum muss ich in einem Büro sitzen, wenn ich meinen Arbeitsplatz auch auf den Stränden Balis haben kann? Warum muss ich nur eine, maximal zwei Sprachen können, wenn ich neun Sprachen sprechen kann? Niemand hat das recht, über mich und meinen Lebensweg zu entscheiden, außer ich selbst. Es wird Zeit, dass auch du die Entwicklung deiner Realität selbst in die Hand nimmst.

Das Identifizieren, Erkennen und Auflösen alter Glaubenssätze passiert nicht von heute auf morgen. Auch bei mir war es eher ein schleichender Prozess. Schon vor meinem Unfall habe ich mich mit mir selbst beschäftigt, reflektiert und Core Values aufgestellt. Ich habe bereits erkannt, dass es alte Muster aufzulösen gilt und dass es mich nie glücklich machen wird, wenn ich immer dem folge, was meine Mitmenschen und die Gesellschaft von mir erwarten. In dem Moment, den ich für meinen letzten hielt, habe ich erkannt, dass mir das Ausbrechen aus standardisierten Mustern und das Lösen meiner alten Glaubenssätze die Möglichkeit eröffnet, mir in jeder Lebenslage selbst treu zu bleiben. Außerdem macht das Leben als Ponyhof einfach viel mehr Spaß!

KARRIERE-
ENTSCHEIDUNGEN

Entscheidungen zu treffen, die letzten Endes allein deinen Vorstellungen, Core Values und überarbeiteten Glaubenssätzen entsprechen, erfordert Mut und Selbstvertrauen. Gerade bei Karriereentscheidungen, der Auswahl des Studiums oder dem Annehmen und Ablehnen von Jobangeboten, tendieren vor allem junge Menschen dazu, oft das zu tun, was von Eltern, Gesellschaft oder Umfeld erwartet und verlangt wird. Dabei sind es gerade diese Entscheidungen, die deine Zukunft, deine Lebensqualität und deine Zufriedenheit auf Dauer massiv prägen und beeinflussen.

Wie in eigentlich jedem anderen Lebensbereich auch, mag mein Karriereweg vielleicht für den ein oder anderen etwas unkonventionell erscheinen. Ich habe zwar studiert, war immer engagiert, habe Praktika gemacht und eigentlich ständig gearbeitet. Das Endresultat, meine momentane berufliche Ausübung, widersetzte sich jedoch allen Erwartungen. Der meiner Eltern, meiner früheren Arbeitgeber, meiner Freunde und eigentlich der aller Menschen, die mich auf meinem Weg begleitet haben. Auch wenn ich mit meinen Entscheidungen entgegen der Ratschläge und Wünsche meines Umfelds handelte, so habe ich eines geschafft: Ich bin mir selbst treu geblieben. Und gerade wenn es um unseren Beruf geht, um das, womit wir die meiste unserer Zeit verbringen, womit wir unser Geld verdienen und womit wir uns auch bis zu einem gewissen Grad identifizieren sollten, gerade dort müssen wir uns selbst treu bleiben.

VON WIESELBURG NACH BALI

Wer mich bereits kennt weiß, dass ich nicht unbedingt einen traditionellen oder herkömmlichen Beruf ausübe, ich habe keinen Büro-Job, bin auch keine Ärztin, Juristin, Handwerkerin, Friseurin, oder Wissenschaftlerin. Mein Leben und meine Karriere finden zum Großteil in den sozialen Medien statt, auch wenn das nie der Plan war. Influencerin, Food-Bloggerin oder digitale Nomadin zu sein, war keineswegs Teil meiner frühen Karriereplanung. Der Weg dorthin war nicht linear, auch nicht durchgeplant, allerdings machte am Ende doch alles Sinn und einmal mehr wurde ich darin bestätigt, meine eigenen Regeln aufzustellen und mein Leben nach meinen Vorstellungen zu leben, egal, was die anderen sagen.

Als ich gerade mit der Schule fertig war, gab es Begriffe wie Influencer oder TikTokerin, geschweige denn Jobprofile, noch nicht einmal. Dass mein Leben nicht einzig in einem kleinen Nebendorf St. Pöltens stattfinden sollte, das war mir allerdings schon sehr früh bewusst. Meine vielen Aufenthalte im Ausland haben mit Sicherheit zu meiner Entwicklung, meiner Entscheidungsfindung und der Stärkung meines Charakters und auch meinen späteren Karriereschritten beigetragen. Mir war schon in ziemlich jungen Jahren klar, dass nichts den Horizont so sehr erweitern kann, wie das Verlassen der Heimat und das Kennenlernen neuer Kulturen, Sprachen und Gebräuche. Als ich nach

meinem selbst in die Hand genommenen, zweiten Spanienaufenthalt wieder zurück in Österreich war, wusste ich, dass ich so bald wie möglich wieder aufbrechen muss. Um neue Erfahrungen zu sammeln, positive als auch negative, und um weiter zu wachsen. Nach einem kurzen Überbrückungs-Semester an der WU ging es dann nach Wieselburg auf die FH, um Marketing zu studieren. Endlich war ich angekommen, denn der Studiengang war genau meins und hat meine Interessen perfekt widergespiegelt. Ich konnte mich kreativ ausleben, habe unfassbar viel über Präsentation und Auftreten gelernt und trotz des fordernden und leistungsorientierten Lehrplans war ich überaus zufrieden mit meiner Studienwahl. Es war das, was ich wollte, nicht das, was Eltern, Gesellschaft, oder Umfeld vielleicht für mich in Aussicht hatten. Gerade bei der Wahl des Studiums gilt es, auf deine innere Stimme zu hören. Egal, wie sehr dich deine Eltern vielleicht zum Jus-Studium drängen, egal, wie sehr sich deine Oma ein Medizin-Studium für dich wünscht, nichts ist so wichtig wie deine Zufriedenheit und die erreichst du nun mal nur, wenn du deinen Interessen, deinen Core Values und deinen eigenen, umformulierten Glaubenssätzen folgst. Vielleicht musst du dich auch erst ausprobieren, Studium, Uni, oder Ausbildung wechseln, um an dein Ziel zu gelangen, lass dich dabei immer von deinen Vorstellungen, nicht von denen anderer, leiten.

Erfahrung bringt Erkenntnis

Ich jedenfalls war an der FH Wieselburg gut aufgehoben. Zu meiner Überraschung war die Fachhochschule außerdem sehr offen gegenüber Auslandsaufenthalten, für einen Freigeist wie mich perfekt. Kurze Zeit später saß ich also erneut im Flugzeug. Diesmal ging es für ein Semester nach Lyon, Frankreich, wo ich mein Französisch perfektioniert habe, unzählige interessante und internationale Freunde kennenlernen durfte und wo ich neue, aufregende Erfahrungen sammeln konnte. In dieser Zeit habe ich immer öfter von den Vorzügen des Agenturlebens gehört. Als Marketingstudentin in einer Werbeagentur zu arbeiten, schien das Nonplusultra zu sein, ich wusste, da will ich hin. Zurück in Österreich habe ich den Bachelor abgeschlossen und kurz darauf meinen Traumjob in einer international renommierten Berliner Agentur ergattert. Mein neuer Arbeitsplatz vertrat große Kunden. *A1*, *BMW* und andere Giganten waren Teil des Portfolios und ich als frische Marketing-Absolventin war überzeugt davon, meinen Platz in der Werbewelt gefunden zu haben.

Berufliche Selbsttreue kann erst dann entstehen, wenn wir wissen, was wir nicht wollen.

Das Wissen darüber, was wir nicht wollen, zu erkennen, was uns nicht liegt, bekommen wir nur durch das Sammeln von Erfahrungen. So sehr ich das Agentur-

leben leben wollte und so erfolgreich und renommiert das Unternehmen auch war, so schnell musste ich leider auch feststellen, dass mein vermeintlicher Berufstraum so gar nicht zu mir, meinen Vorstellungen und meinen Core Values passte. Die anfängliche Motivation und die positive Aufregung haben sich in kürzester Zeit in Enttäuschung und Missmut verwandelt. Anstatt des coolen Agenturlebens, der spannenden Meetings und der interessanten Kunden standen Überstunden, endlose Nächte und intensive Wochenenden im Büro auf der Agenda. Mir war bewusst, der Job würde viel Zeit und Energie in Anspruch nehmen, dass ich allerdings kaum eine freie Minute, geschweige denn einen freien Tag für mich, meine Hobbies, meine Freunde und meine Familie erwarten durfte, dämpfte die anfängliche Euphorie. Druck, Deadlines und Stress entwickelten sich zu meinen täglichen Begleitern und so habe ich schnell gelernt, was ich nicht möchte.

Ich möchte nicht von Zwängen und Leistungsdruck geleitet arbeiten, ich möchte Zeit für mich haben, trotzdem hart arbeiten, aber am Ende des Tages nicht kurz vor einem Nervenzusammenbruch oder Anfang dreißig vor einem Burnout stehen. Nein zu sagen, zu wissen und zu erkennen, was du nicht willst, ist eine Stärke, die dir im Leben sehr oft weiterhelfen wird. Auch wenn es mir damals leidtat, habe ich es nie als Niederlage angesehen, den Agenturjob nach nur wenigen Wochen an den Nagel zu hängen, denn die Erleichterung, die ich mit dieser Entscheidung erfahren durfte, war es zweifelsohne wert.

Eine gegensätzlich rundum positive Praktikumserfahrung bei einem der bekanntesten Getränke-Hersteller und Medienhäuser Österreichs später, war ich bereit, mein Masterstudium anzutreten. Ich wollte weiter studieren, um meinen Weg zu finden, um weitere positive, als auch negative Erfahrungen in der Berufswelt zu sammeln und um herauszufinden, wohin mein Karriereweg tatsächlich führen soll. Ich habe mich an unzähligen Unis und FHs in Österreich beworben und tatsächlich von der FH Villach eine Zusage bekommen. Einzig zwei österreichische Studentinnen wurden in diesem Jahr für diesen Studiengang aufgenommen, ich fühlte mich geehrt, gleichzeitig bedeutete es, dass es für mich nach Villach gehen sollte. Nicht unbedingt meine Traumstadt, auch ziemlich weit weg von meinem Freund, den ich bereits damals kennen und lieben gelernt hatte, aber die einzigartige Chance, »International Business Management« in einem solch selektiven Studium im Master zu absolvieren, konnte ich mir nicht entgehen lassen.

Eine fordernde Zeit

Ich sehe meine Zeit in Villach als die eine sehr fordernde Zeit meines Lebens an. Selbst heute, nach meinem Unfall und nach vielen anderen Enttäuschungen und Rückschlägen, macht sich Unbehagen in mir breit, wenn ich zurück an diese Phase meines Lebens denke. Ich habe in Villach nie Anschluss gefunden. Ich weiß

nicht, woran es gelegen hat, eigentlich bin ich eine sehr offene und kontaktfreudige Person, mehr als Small-Talk vor dem Klassenraum entwickelte sich dennoch nie. Ich war einsam, fühlte mich irgendwie so anders als die anderen, allein, ohne Freunde, in der fremden Stadt, und trotzdem entstand genau dort etwas Großes.

Ich bin kein Fan vom Jammern oder Beschweren. Ich bin eine Macherin. Wenn mir etwas nicht passt oder ich unzufrieden bin, dann suche ich nach Lösungen, um dagegen vorzugehen. Damals schien es nur eine Lösung für mich zu geben und so stürzte ich mich mit voller Kraft in das Studium und meinen gerade ergatterten neuen Job als Marketingmitarbeitende bei einer Österreichischen Alkoholfirma, deren Sitz in Klagenfurt ist. Die nächsten Monate bestanden darin, um 5.30 Uhr aufzustehen, mit dem Fahrrad zum Bahnhof Villach zu fahren, mit dem Zug nach Klagenfurt und dann dort vom Bahnhof mit meinem zweiten Rad zu meiner damaligen Firma zu hetzen. Um 14 Uhr war Feierabend und so habe den gleichen Weg, mit Zug und zwei Rädern wieder nach Villach zurückgelegt, um dann jeden Tag, inklusive Samstag, pünktlich um 16 Uhr auf der Uni zu sein. Um 21 Uhr waren die Vorlesungen und Kurse vorbei und es ging ab nach Hause und direkt ins Bett. Am nächsten Tag das gleiche Spiel, drei Stunden pendeln, arbeiten, studieren, dazwischen vielleicht noch kurz nach Hause telefonieren und schon ist der Tag vorüber. Der fehlende Anschluss zu meinen Studienkollegen störte mich plötzlich nicht mehr, denn für neue Bekannt-

schaften, Freundschaften oder vergnügliche Freizeitaktivitäten hatte ich nun ohnehin keine Zeit mehr. Einzig der Sonntag blieb mir, allerdings war das mein neuer Lerntag, denn Prüfungen, Hausaufgaben, Projekte und Seminararbeiten schrieben sich nicht von alleine.

Versteckte Leidenschaft

Zugegeben, das Master-Studium in Kombination mit meinem Job in Klagenfurt war sehr fordernd. Ich stand ständig unter Stress und Leistungsdruck und hatte das Gefühl, kaum mehr Zeit für mich zu haben. Umso wichtiger erschien es mir schon damals, meine körperliche Gesundheit nicht völlig zu vernachlässigen, mich in der wenigen Freizeit, die ich noch hatte mit Fitness, vor allem auch mit Ernährung zu beschäftigen. Einerseits, um mir etwas Gutes zu tun, andererseits, weil es mir einfach Spaß machte und mein einziger Ausgleich zu Arbeit und Studium war. Wäre das Thema Ernährung keine versteckte Leidenschaft von mir gewesen, hätte ich meine kostbare Zeit etwas anderem gewidmet, mehr geschlafen oder in Uni-Projekte investiert. Ohne es damals zu wissen, war ich aber gerade dabei, mir meine Zukunft aufzubauen.

»Carina, kannst du mir verraten, wie du dieses Curry gemacht hast?«, fragte mich eine Studienkollegin während ich mein mitgenommenes Linsencurry in der Pause auf der Uni aus meiner Tupper-Dose aß. Auch wenn ich nicht unbedingt viele intensive Freundschaften auf

der Uni Villach geknüpft habe, so habe ich dort erste Kundinnen gewonnen, denn plötzlich war ich bekannt als die Ernährungsexpertin. Studienkollegen, die ich teilweise nicht einmal kannte, kamen auf mich zu und baten um Hilfe. Innerhalb kürzester Zeit schrieb ich ihnen Ernährungspläne und stellte Rezepte zusammen, bildete mich eigenständig weiter und hatte auch noch Spaß an der Sache. Plötzlich kontaktierten mich Studierende aus anderen Jahrgängen, Freunde von Freunden, sogar eine Professorin erkundigte sich bei mir nach Tipps und Tricks und allmählich hatte ich einen Kundenstamm von über zehn Personen, die regelmäßig nach neuen Rezepten und innovativen Ernährungs-Ideen verlangt haben. Ich tüftelte an neuen Rezepten, experimentierte mit neuen Zutaten und schickte dann meinen Kunden die jeweiligen Rezepte auf Whatsapp. Je mehr Kunden dazu kamen, desto verwirrender wurde mein System, ich wusste nicht mehr, wem ich was bereits geschickt habe, wer nach welchem Rezept verlangte und versuchte, anstatt zu jammern, ein neues, praktischeres und zeitsparenderes System zu entwickeln.

Unbekanntes Terrain

Es muss 2014 gewesen sein, als gerade eine App, auf welcher die Nutzer Fotos mit ihren Freunden teilen konnten, ihren Umlauf machte. Facebook war zu dieser Zeit der Vorreiter der sozialen Netzwerkseiten und als ein neues Medium namens Instagram auftauchte, schien die

Begeisterung eher mäßig zu sein. In Österreich kannte die App zu diesem Zeitpunkt kaum jemand, als ich allerdings darauf aufmerksam wurde, war meine Neugierde und mein Unternehmersinn geweckt. Ästhetik, Kreativität und einfache Handhabe waren die schlagenden Argumente von Instagram und so entschied ich mich kurzerhand, meine Rezepte künftig nicht mehr einzeln, auf WhatsApp, sondern über die innovative App mit dem Polaroid-Kamera-Logo im Vintage Stil zu teilen. Die Gerichte, die ich entwickelte und selbstverständlich auch kochte, fotografierte ich prompt mit meiner Digitalkamera ab und veröffentlichte sie auf meinem Account. Meinen Kunden erzählte ich von meiner neuen Verbreitungsform und so verfolgten plötzlich 15 Personen meinen Account, worauf ich äußerst stolz war.

»Hä, wer ist denn das?«, fragte ich mich, als mir eine Person folgen wollte, die ich nicht kannte. Der Name sagte mir nichts, auch das kleine Profilbild gab keinen Aufschluss über eine vermeintliche Bekanntschaft. Einen Tag später hatte ich bereits 15 weitere, neue, mir völlig unbekannte Follower. Nach und nach realisierte ich, welche Möglichkeiten Hashtags darstellen, wie ich mit nur wenigen Wörtern viele Menschen erreichen kann und woher die unbekannten Follower kamen. Ich experimentierte, probierte, postete und hashtagte. Ich borgte mir die Spiegelreflexkamera meiner Mutter aus und produzierte ästhetischeren und professionelleren Content, der noch dazu dank der Hashtags mehr und mehr Leute erreichte.

Die ersten dreitausend

»Sie sind ja ein niemand, wer sollte Ihnen denn folgen?«, so die Worte meines damaligen Chefs, als ich ihm nach Erreichen der Dreitausender-Marke stolz meinen Account zeigte, um nach seiner Meinung zu fragen. Als Manager einer großen, internationalen Firma, die weltweit exportiert, dessen Unternehmensstruktur er aufgebaut hat, nahm ich seinen Rat und seine Meinung sehr ernst. Ich schätzte ihn als Unternehmer, weshalb ich ihm mein Projekt präsentierte und auf konstruktive Kritik hoffte. Auf seine niederschmetternden Worte hatte ich keine Antwort. Entrüstet verließ ich sein Büro. »Vielleicht hat er recht... wer bin ich denn wirklich? Wer kennt mich? Wer soll sich schon für meine Rezepte interessieren, wenn Jamie Oliver bereits seit Jahren vor einem Millionen-Publikum kocht und inspiriert?«, waren meine Gedanken, als ich verträumt im Zug zurück nach Villach die Landschaft beobachtete. Zu Hause angekommen wollte ich direkt zurück ans Rezepte konzipieren und ans Content produzieren. Kurz musste ich mich selbst stoppen, denn eigentlich hat mein damaliger Chef gerade meine Träume im Keim erstickt. Doch dann kam der Ehrgeiz in mir auf. Nicht zum ersten Mal in meinem Leben haben mich negative Äußerungen, ein »Nein« oder ein »du kannst das nicht« mehr angespornt, als in meine Schranken gewiesen. »Jetzt erst recht«, dachte ich mir und setzte mich direkt ans Verfassen neuer Rezepte.

Motivierendes Nein

Egal, ob von Eltern, Chef, Lehrer oder Kollegen. Ein Nein ist nicht immer gleich ein Nein. Ich habe dieses Wort sowieso in meinem Leben noch nie so wirklich ernst genommen, denn wer, außer mir selbst, sollte darüber bestimmen dürfen, was ich mit meinem Leben anfangen möchte. Das »Nein« des Unternehmers hat zwar für drei Stunden Zweifel in mir ausgelöst, mein Tatendrang, mein Ehrgeiz und mein kleiner Dickschädel haben den negativen Input allerdings im Handumdrehen in positiven Output umgewandelt. Anstatt auf die Meinung anderer zu hören, habe ich an mich selbst, mein Projekt, meine Passion und meine Fähigkeiten geglaubt. Anstatt den Account, wie von meinem Chef angeraten, zu löschen, habe ich ihn ausgebaut. Neben dem Aufbau meines Social-Media-Auftritts habe ich außerdem noch studiert. Als ich gerade dabei war, meine Masterarbeit zu schreiben, erreichte ich die 10.000-Follower-Marke. Influencer gab es damals noch nicht, auch der Begriff Blogger war nicht so weit verbreitet wie heute. Als im Zuge meiner wachsenden Audience dann die ersten Kooperationsangebote eintrafen, war ich baff. Ob Kekse oder Gewürze, die ersten Firmen kamen auf mich zu, baten mich, mit ihren Produkten zu kochen und ich konnte mein Glück kaum fassen.

»Wie viel verlangen Sie für ein Posting?«

Kochen, Fitness, Gesundheit. Diese Themen zählten damals wie heute zu meiner absoluten Leidenschaft. Auch das Konzipieren der Rezepte, das Fotografieren und Aufarbeiten meines Contents haben meine kreative Ader gestärkt und für mich fühlte sich das Aufbauen meines Accounts nicht nach Arbeit an, denn es machte mir unglaublich viel Spaß. Als die ersten Firmen dann nach meinen Honorarvorstellungen für ein Posting mit ihren Produkten fragten, war ich schockiert. Im positiven Sinn. »Die wollen mir tatsächlich Geld zahlen? Für etwas, das ich gern mache? Für mein Hobby?«, wunderte ich mich, kaum fassend, was gerade geschieht. Ich hatte zu diesem Zeitpunkt noch nie daran gedacht, diesen Account zu monetarisieren, da es damals einfach nicht gang und gäbe war, doch durch die Anfragen der Firmen wurde erneut mein Geschäftssinn geweckt. Ein kleines Feuer in mir wurde entfacht und ich dachte: »Vielleicht bin ich da an etwas dran. Wenn eine Firma für meinen Content zahlen will, dann gibt es sicherlich auch andere, die dafür zahlen würden«.

Mein Marketing-Studium hatte plötzlich einen völlig neuen Wert für mich, denn über die letzten Jahre hinweg hatte ich gelernt, mich selbst, Produkte, Firmen oder Services professionell zu präsentieren. Ich fing damit an, aktiv Firmen anzuschreiben, habe mir mein eigenes Media-Kit zusammengestellt und nun mithilfe meines Fachwissens mich selbst und meinen Ac-

count professionell präsentiert und vermarktet und so ziemlich schnell tatsächlich bereits ein wenig Geld mit Instagram verdient.

Eine folgenschwere Entscheidung

Wer sich selbst auf seinem Karriereweg treu bleiben will, muss oft schwere Entscheidungen treffen. Mein Account wuchs, auch meinen Master habe ich mittlerweile abgeschlossen und nach meiner Sponsion kam mein Chef mit einem einmaligen Angebot auf mich zu: »Ich möchte dich zur internationalen Marketingleiterin befördern«, so seine Worte. Klar, das Angebot war grandios. Meine Mitstudierenden und Absolventen unseres Studienganges hätten alles für solch eine Chance gegeben. Es war der Traum für jeden Marketingstudenten. Ein internationaler Posten, viel Verantwortung, eine tolle Reputation und ein ansehnliches Gehalt. Trotz der scheinbar nicht vorhandenen Nachteile habe ich mich gegen das Angebot entschieden, ich lehnte ab und habe mich dafür entschieden, meine volle Aufmerksamkeit nur noch meinem Account zu widmen, quasi Vollzeit Instagrammerin zu werden.

»Essen fotografieren ist kein Beruf, Carina«

Auch wenn ich mit meiner Entscheidung, den Bürojob gegen meine Passion einzutauschen, vollkommen zufrieden war, teilte nicht jeder in meinem Umfeld diese

Begeisterung. Du kannst dir wohl vorstellen, dass vor allem meine Eltern ein Problem mit meiner Karriereentscheidung hatten. »Lern was gscheites«, »Nimm doch den tollen Job an«, »Verbau dir nicht deine Zukunft«, waren nur einige ihrer Argumente, warum ich denn unbedingt dieses Angebot meines ehemaligen Chefs annehmen sollte. »Essen fotografieren ist kein Beruf, Carina«, war plötzlich ein ständig wiederholter Glaubenssatz meines Vaters, den er mir ohne schlechtes Gewissen tagtäglich vorhielt. Ich weiß, weder mein Vater, noch meine Mutter, meine Großmutter oder meine Geschwister, haben es je böse mit mir gemeint. Ich weiß, sie alle wollten immer nur das Beste für mich. Trotzdem hätten mich ihre Meinungen, ihre Glaubenssätze und ihre falschen Annahmen fast davon abgehalten, mir selbst treu zu bleiben und meine eigenen Entscheidungen über mein Leben zu treffen und genau das will ich gemeinsam mit dir auch für deine berufliche Zukunft vermeiden.

Einen gut bezahlten, internationalen und hoch angesehenen Job aufzugeben, um Essen zu fotografieren und Rezepte ins Internet zu stellen, kommt wohl bei keinem Vater gut an. Schon gar nicht damals, als kaum jemand wusste, was Instagram überhaupt ist, geschweige denn, dass es möglich ist, über diese Plattform Geld, und zwar gutes Geld, zu verdienen. Auch wenn ich ein total ehrlicher Mensch bin, so habe ich tatsächlich einige Monate lang verheimlicht, woraus meine Karriere besteht. Gerade bei den älteren Mitgliedern meiner Fa-

milie wusste ich schlichtweg nicht, wie ich ihnen mein Geschäftsmodell erklären sollte. Kein Mensch wusste, was ein Blogger ist, den Begriff Influencer gab es nicht und selbst wenn ich detailliert versuchte zu erklären, was ich genau mache und wie ich mein Geld verdiene, so stieß ich meistens auf Unverständnis, wurde belächelt und kaum ernst genommen.

Where focus goes, energy flows

Trotz mahnender Worte meiner Eltern und Unverständnis meines Umfelds, habe ich mein Ziel, meine Passion und meine Vision einer erfüllenden Karriere fortgesetzt. All meine Energie floss in mein Projekt. Und überall dort, wo wir unseren Fokus, unsere Energie und unser Herzblut hineininvestieren, werden wir belohnt, denn ich bin überzeugt davon, dass sich dieser Fokus in eine treibende Kraft umwandelt, die es uns ermöglicht, unsere Ziele zu verwirklichen.

Ich habe mich nie bewusst dafür entschieden, Bloggerin oder Influencerin zu sein, weil das Berufsfeld so attraktiv ist oder weil es meine Eltern wollten, nein, ich habe mich aus reiner Leidenschaft dafür entschieden, was, wie ich glaube, auch mein Erfolgsrezept ist. Seit meinem ersten Posting, den ersten Rezepten und Ernährungsplänen, die ich für meine Unikollegen zusammengestellt habe, arbeitete ich aus einer tiefen Überzeugung heraus. Ich wollte Menschen inspirieren, ich wollte ihnen helfen, gesünder, bewusster und glück-

licher zu leben, Spaß an der Ernährung zu haben und sie zu einem aktiveren Lebensstil motivieren. Gesunde Ernährung, bunte, frische Gerichte können so unglaublich viel Spaß machen und genau diese Euphorie wollte ich mit meinen Mitmenschen teilen.

Mittlerweile funktioniert mein Business seit mehr als sechs Jahren. Ich stecke nach wie vor voller Tatendrang, kein Tag vergeht, an dem ich keine Rezeptidee, keine inspirierenden oder motivierenden Gedanken habe, die ich mit meinen Followern teilen möchte. Ich übe meinen Job nicht für Ansehen, Bestätigung, Geld oder Ruhm aus, sondern weil ich aus tiefstem Herzen überzeugt von seinem Mehrwert bin und weil ich unglaublichen Spaß an der Arbeit habe. Dem Jobangebot habe ich keine Sekunde lang nachgetrauert, denn mittlerweile bin ich nicht mehr in Wieselburg, Villach oder St. Pölten angesiedelt, dank meines Jobs, meiner Passion und meines Durchsetzungsvermögens lebe ich heute auf Bali, in meinem eigenen Haus, bereise die Welt und habe nicht nur ein Zuhause, sondern gleich drei. Ich fühle mich in Bali genauso daheim wie in Südafrika und wie bei meinen Eltern im Dunkelsteinerwald.

DAS ERFOLGSREZEPT

Meine Geschichte soll dir die Augen öffnen. Ich möchte nicht, dass du meine Entscheidungen anpreist, nachmachst oder als Ideal ansiehst. Ich möchte, dass du dir

anhand meines Karrierewegs Inspiration holst, dass du erkennst, dass du allein für dein Glück, deine Zukunft und die Erfüllung deiner beruflichen Träume verantwortlich bist, auch wenn sie noch so absurd sein mögen. Ich habe ja für so ziemlich alles ein Rezept. Ob Summer Sunshine Wraps, Healthy Pumpkin Bars oder Pink Pizza, es gibt kaum ein Gericht, welches ich noch nicht ausprobiert, verfeinert oder gesund gezaubert habe. Ich glaube, dass ich auch für den persönlichen Erfolg ein Rezept habe, zumindest habe ich ein paar Zutaten für dich, die dir dabei helfen können, deinen Karriereweg so zu gestalten, dass er dich nachhaltig glücklich macht.

1. Es ist kein Sprint, sondern ein Marathon

Wer sich in Sachen berufliche Entscheidungen, Karriere und Ausbildung selbst treu bleiben möchte, darf eine essentielle Zutat keinesfalls vergessen: Geduld. Egal, wie sicher du dir bist, egal, wie sehr du von deinen Visionen überzeugt bist, der Weg zum Ziel ist kein Sprint, sondern ein Marathon. Um deine persönlichen Ziele zu erreichen, solltest du deine nächsten Schritte unbedingt in kleine Zwischenziele herunterbrechen. Versuche, dir darüber Gedanken zu machen, was die erste Maßnahme sein könnte, die du setzen kannst, um deinem Traum näher zu kommen.

Willst du beispielsweise Fotograf werden, so ist es unmöglich, von Beginn an ein großes Portfolio, unzählige Referenzen und Dutzende zahlende Kunden vorzu-

weisen. Zunächst brauchst du eine Kamera. Dann geht es ans Eingemachte. Du musst lernen zu fotografieren. Dafür musst du nicht Hunderte Euro in einen Kurs investieren oder jahrelang studieren, gerade in der heutigen Zeit gibt es unendlich viele Möglichkeiten, neues Wissen zu erlangen, völlig gratis und von deinem Laptop aus. Ob über Youtube-Tutorials oder Anleitungen auf Blogs, der Informationsbestand scheint schier unendlich zu sein und du solltest diese kostenfreie Möglichkeit unbedingt nutzen, um deine Leidenschaft zum Beruf zu machen, um dein Talent zu verfeinern und im besten Fall mit deinem Hobby Geld zu verdienen. Um dir einen Namen zu machen, kann es ratsam sein, deine Fähigkeiten in Form eines gratis Test-Shoots anzubieten. Kein Profi ist je vom Himmel gefallen und je mehr Projekte du auch schon im Anfangsstadium deiner Karriere annimmst, mit je mehr Menschen, Models und potentiellen Kunden du schon frühzeitig in Kontakt trittst, desto stabiler ist der Grundstein, den du für deine Zukunft legst.

Und der nächste Schritt? Versuche, dir jeden Tag oder jede Woche ein kleines Zwischenziel zu setzen. Sind deine Ziele zu groß, zu weitgefächert oder zu weit weg, dann erscheinen sie oft unerreichbar. Angst, ein minderes Selbstvertrauen oder ein Gefühl der Überforderung stehen dir dann im Weg. Anstatt sofort alles niederzureißen, versuche dich auf kleine, erreichbare Schritte zu konzentrieren, die du kontinuierlich verfolgst.

Der Compound Effekt

Kleine Tätigkeiten und Zwischenziele können mehr bewirken, als du vielleicht denkst. Das bestätigt auch der sogenannte Compound Effekt. Löst du kontinuierlich kleine Aufgaben, gehst du schrittweise an das Erreichen deiner großen Ziele heran, so kannst du in Summe extrem viel bewirken, auch wenn es etwas Geduld abverlangt. Vielleicht spürst du die Auswirkungen deiner Zwischenziele nicht nach einer Woche, vielleicht auch nicht nach einem Monat, aber nach einem Jahr oder länger Compounden, vermehren sich die Effekte all deiner kleinen Schritte und du kannst einen riesengroßen Effekt, eine tolle Entwicklung und vielleicht sogar die Erfüllung deines Lebenstraums verzeichnen.

Willst du beispielsweise zehn Kilogramm abnehmen und gehst dafür eine Woche lang jeden Tag in der Früh zehn Minuten spazieren, wirst du anfangs keine großen Veränderungen sehen. Machst du das allerdings einen Monat lang, erhöhst die zehn auf zwanzig Minuten und fängst vielleicht nach dem dritten Monat mit einem entspannten Laufen an, wirst du auf Dauer ein nachhaltiges Resultat erzielen.

2. Feiere die kleinen Erfolge

Eine weitere Zutat, die dir dabei helfen wird, dir im beruflichen Werdegang selbst treu zu bleiben und deine Ziele zu erreichen, ist das Feiern und Anerkennen klei-

ner Erfolge. Wir alle eifern den großen Erfolgen, den Meilensteinen und den handfesten Errungenschaften nach. Oft vergessen wir dabei, all die kleinen Momente, die mindestens genauso wichtig sind, zu feiern. Ich habe beispielsweise mit meinem Partner schon vor längerer Zeit die sogenannte »Success-Night« etabliert. Alle paar Monate setzen wir uns zusammen, gehen essen oder planen einen netten Abend gemeinsam, um uns von unseren Erfolgen zu erzählen, egal, wie belanglos oder trivial sie erscheinen. Wie du ja bereits weißt, sind es vor allem die Zwischenziele, die uns tatsächlich dorthin bringen, wo wir hin möchten. Sie müssen honoriert und gefeiert werden, denn sonst verlieren wir irgendwann völlig den Bezug zu unserer Leistung und unserem Schaffen. Wir dürfen uns nicht als Versager sehen, nur weil wir noch nicht die großen Meilensteine abgeschlossen haben, sondern müssen uns dem ständigen Fortschritt, den wir tagtäglich machen, bewusstwerden. Anstatt immer wieder nur neue Ziele zu stecken, solltest du auch ab und an mal einen Moment innehalten, überlegen, was du bis jetzt schon alles geleistet hast, und anerkennen, wie weit du es bereits geschafft hast. Egal, ob du deine Zwischenerfolge mit deinem Partner, deiner Familie, deinen Freunden oder auch ganz allein mit dir selbst honorierst: Reflektierst du deine tagtäglichen Errungenschaften, so wirst du dein Selbstvertrauen steigern, deine Motivation ankurbeln und künftig noch mehr schaffen, da bin ich mir ganz sicher!

3. Überwinde deine Ängste

Angst ist einer der Hauptfaktoren, die uns davon abhalten, uns selbst treu zu bleiben und das zu tun, was wir tatsächlich wollen. Egal, ob es die Angst davor ist anzuecken, nicht gut anzukommen oder das Umfeld zu enttäuschen, lassen wir uns von dieser Emotion leiten, so stehen wir uns und unseren Zielen oft selbst im Weg und verwirklichen nicht unsere, sondern die Träume anderer.

Auf das, was andere Menschen zu sagen haben, höre ich schon lange nicht mehr. Ich habe gelernt, dass Außenstehende immer eine Meinung haben, egal, ob sie die ganze Wahrheit, deine ganze Geschichte kennen oder nicht. Im Grunde kennst nur du deine Geschichte, nur du kennst deine Motivationen, deine Beweggründe und deine wahren Vorstellungen vom Leben. Daher ist es so unglaublich wichtig, deine Ziele zu definieren, sie niederzuschreiben, sie auszuarbeiten und mit deinen Core Values abzustimmen. Du kannst nur hinter einer Entscheidung stehen, wenn du sie davor auch für dich definiert hast und sichergestellt hast, dass sie mit deinen Werten in Einklang steht. Stehst du auch tatsächlich hinter deinen Entscheidungen, hinter deinen beruflichen Zielen und deinem Karriereweg, so wirst du Hate, Kritik und Missgunst auch nicht mehr so nah an dich heranlassen.

Das Ungewisse

Ich glaube, die größte Angst, die uns im Leben begleitet und vor der Verwirklichung unserer Ziele hindert, ist die Angst vor dem Ungewissen. Ich beobachte immer wieder Menschen, die ihre Träume im Keim ersticken, da sie mit dem Gefühl des Risikos nicht umgehen können. Anstatt den Sprung zu wagen, Abenteuer einzugehen und Routinen zu durchbrechen, verweilen sie lieber in ihrer Komfortzone, sind bequem und wählen den vermeintlich einfacheren Weg. Klar, das uns Bekannte ist oft angenehmer, der Kokon, den unsere Eltern für uns vorbereitet haben und der Lebensweg, den sie uns vorleben, ist uns vertraut, strahlt Geborgenheit und Sicherheit aus. Allerdings hindert er uns daran zu wachsen, unseren eigenen Weg zu finden und uns die Zukunft aufzubauen, die uns wahrhaftig glücklich machen und unseren Werten entsprechen würde. Änderst du bereits eine Kleinigkeit deiner Routine, fügst etwas Neues in deinen Tagesablauf ein und wagst ab und zu das ein oder andere Abenteuer, so erzielst du bereits Erfolge. Auch hier kommt der Compound Effekt zum Einsatz. Viele kleine Schritte ermöglichen eine nachhaltige Änderung des großen Ganzen. Träumst du schon seit langem von einem Auslandssemester, hast allerdings Angst davor, einsam, allein oder verloren in der neuen Stadt zu sein, dann versuche dich erstmal mit einem kleinen Wochenendtrip ganz allein. Du musst nicht sofort die großen Schritte wagen, kleine Testversuche und

eine langsame Herangehensweise können dir die Angst nehmen und dein Selbstvertrauen stärken.

Das Umfeld

Wer seine Familie liebt, will sie auch stolz machen. Gerade bei beruflichen Entscheidungen reden die Eltern gerne ein Wörtchen mit. Sie wollen uns auf den »richtigen Weg« bringen, uns für unsere Zukunft absichern und uns ihre Weisheiten mitgeben, auch wenn diese oft auf veralteten Glaubenssätzen basieren.

Als ich nach meiner Sponsion das Spitzenangebot meines alten Arbeitgebers bekommen habe und ich vor einer konkreten Entscheidung stand, habe ich neben viel Selbstreflexion auch das Gespräch zu meinen Eltern gesucht. Ich schätze ihre Meinung und wollte wissen, was sie mir raten. Ihr Standpunkt? »Nimm das Angebot unbedingt an, Carina! Du hast so lang studiert, so lange dafür gearbeitet, das ist das, wo du hinwillst.« Auch wenn meine Eltern recht hatten, ihre Argumente valide und sinnvoll waren, so habe ich mich letzten Endes, wie du bereits weißt, gegen dieses Angebot entschieden, ich habe auf meine innere Stimme gehört und bin meiner Passion, nicht unbedingt allein der Logik, gefolgt.

Als ich tatsächlich im Büro meines Chefs stand, gingen mir Hunderte Gedanken durch den Kopf. Ich habe zwar innerlich bereits eine Entscheidung gefällt, die Reaktion meiner Familie und die Angst davor, sie zu enttäuschen, sollten mich aber fast umstimmen. Dann

habe ich mir erneut vor Augen geführt, dass ich zwar mit der Entscheidung FÜR den Marketingjob meine Eltern kurzzeitig glücklich mache, ich selbst allerdings früher oder später darunter leiden, meine Entscheidung bereuen würde. Tief in meinem Inneren wusste ich außerdem, dass meine Eltern nur das Beste für mich wollen. Und oft wissen wir selbst am besten, was das Beste für uns ist, auch wenn unsere Eltern das nicht gerne wahrhaben.

Als ich kurze Zeit später die Neuigkeiten verkündete, schlug mein Vater seine Hände über dem Kopf zusammen: »Jetzt hast du so lang studiert, wir haben so viel Geld in dein Studium investiert und du schmeißt alles weg, nur um Essen zu fotografieren?«, seufzte er fassungslos. Auch der Rest der Familie schien wenig begeistert über meine Karrierepläne. Als ich bei der Geburtstagsfeier meiner Oma den älteren Verwandten versuchte zu erklären, was ich denn da jetzt genau mache, stieß ich auf viel Unverständnis und Augenverdrehen. In meinem Umfeld hatte ich vor allem am Anfang mit harter Kritik und viel negativem Feedback zu kämpfen. Dabei habe ich doch nur das gemacht, was mich glücklich macht, ich bin meiner Passion gefolgt, habe mich für den unkonventionellen Weg entschieden, aber dabei weder jemandem Schaden zugefügt, noch Geld verlangt oder Hilfe erwartet, denn auch wenn keiner so wirklich verstehen wollte, was ich da tat, so habe ich bereits gutes Geld mit der »Essensfotografiererei« verdient.

Vertraue auf deine Core Values

Anfangs habe ich von keiner Seite Support bekommen. Meine Familie war gegen mein Vorhaben, selbst mein Partner, der mich in jeder Lebenslage unterstützt und mein größter Fan ist, war damals eher verhalten gegenüber meiner Entscheidung, den Traumjob abzulehnen, eingestellt. Auch wenn die Angst vor dem Scheitern, die Angst davor, meine Liebsten zu enttäuschen, sehr präsent war, so haben mir vor allem meine Core Values, immer wieder im Leben, dabei geholfen, meine Entscheidungen zu validieren und das Vertrauen in mich selbst wieder in den Vordergrund zu rücken.

Als ich vor der Entscheidung stand, Job oder Social Media, habe ich mir meine drei Core Values wieder zurück in Erinnerung gerufen. Vor allem in Punkto Freiheit stand außer Frage, für welchen Weg ich mich entscheiden sollte. Aber auch der Wert des Glücks, der Zufriedenheit ließ für mich keinen Diskussionsfreiraum und so habe ich ziemlich schnell festgestellt, welcher Weg für MICH, nicht für mein Umfeld, meine Familie oder meinen Arbeitgeber, infrage kommt. Anstatt auf alte Glaubenssätze zu vertrauen oder lediglich die Meinung der Eltern als Entscheidungsbasis heranziehen, lohnt es sich, in sich selbst hineinzuhören, die Core Values wieder und wieder durch den Entscheidungsprozess durchlaufen zu lassen und tatsächlich zu analysieren, mit welchem Weg DU in Zukunft zufrieden sein wirst. Versuche, dich deinen Ängsten zu

stellen, Neues zu wagen und vergiss nicht, es ist kein Sprint, sondern ein Marathon!

ENTSCHEIDUNGSFINDUNG

Hast du es geschafft, deine Ängste zu überwinden oder zumindest in den Hintergrund zu rücken, und bist bereit dafür, Neues zu wagen und deinen eigenen Weg zu finden, so geht es ans Eingemachte. Egal, um welchen Lebensbereich es geht, Ausbildung, Karriere, Dating, Reisen, Kleidung oder Ernährung, in der heutigen Zeit gibt es eine unendliche Auswahl an so ziemlich allem. Je mehr Auswahl, desto schwieriger auch die Entscheidung. Grundsätzlich bin ich ein Fan davon, alles auszuprobieren, was nur irgendwie möglich ist. Außerdem habe ich mithilfe der sogenannten Decision Matrix einen Weg gefunden, schwierige Entscheidungen analytisch anzugehen und sie an meine Bedürfnisse und Core Values anzupassen. Berufliche Entscheidungen haben etwas mehr Gewicht als die Frage, ob es heute Sushi oder Pizza zum Abendessen gibt, deswegen sollte sie auch niemand für dich übernehmen, sondern du alleine musst herausfinden, wie du dir in beruflichen Fragen, in der Ausbildung und in der Gestaltung deiner Zukunft selbst treu bleiben kannst.

Weighted Decision Matrix

Auch wenn ich nach meinem Studium nicht den konventionell vorgesehenen Weg gegangen bin, den dieses Studium für mich geplant hätte, so ziehe ich in verschiedensten Lebenslagen immer wieder gerne mein universitäres Marketing-Wissen heran.

Die wichtigsten Entscheidungen in meinem Leben habe ich oft mithilfe einer sogenannten »Weighted Decision Matrix« gefällt. Mithilfe dieses Tools kannst du anhand verschiedener Punkte strategisch Entscheidungen treffen. Ich höre zwar sehr gerne auf mein Bauchgefühl, finde allerdings trotzdem, dass es gerade bei den großen Fragen des Lebens Sinn macht, eine gewisse Balance zwischen eben diesem Bauchgefühl und einer gewissen Strategie zu halten. In erster Linie höre ich auf meine innere Stimme, im zweiten Schritt versuche ich dann, dieses initiale Gefühl mit rationalen Überlegungen zu bestätigen. Merke ich, der Bauch und der Kopf gehen Hand in Hand, dann kann ich mit gutem Gewissen eine Entscheidung treffen. Widersprechen sich die beiden Kategorien und es kommt zu einer Art Konflikt, überdenke ich die Entscheidung erneut, lasse sie durch meine Core Values fließen und überprüfe meine Überlegung über eine Decision-Matrix, bevor ich weitere Schritte einleite.

Erstelle deine Matrix

Stehst du gerade vor einer Karriereentscheidung oder weißt nicht, welches deiner drei favorisierten Studienfächer du nun wählen sollst, so kann dir deine Decision-Matrix, auf Deutsch Entscheidungs-Matrix, dabei helfen, anhand logischer Faktoren die perfekte Wahl zu treffen. Mittels verschiedener Möglichkeiten und Faktoren, hilft dir die Matrix dabei, die beste Option zu evaluieren, was sie für die Entscheidungsfindung besonders nützlich macht. Mit Hilfe dieser Methode kannst du dir einen Überblick über deine Optionen verschaffen und diese anhand der für dich wichtigen Kriterien bewerten. Auch wenn ich ein Fan von Emotionen und intuitiven Impulsen bin, kann die faktenbasierte Ebene, die durch die Matrix veranschaulicht wird, einige Aufschlüsse liefern. Wenn du gerade Hilfe bei einer wichtigen Entscheidung brauchst, dann gehe wie folgt vor:

Identifiziere deine Optionen. Welche Wahlmöglichkeiten liegen dir vor?

Entwickle deine *Entscheidungskriterien.* Welche Faktoren sollen die Basis deiner Entscheidungsfindung darstellen. Welche Kriterien sind dir besonders wichtig? Hier kannst du beispielsweise auch die Einhaltung deiner Core Values oder Faktoren wie Nähe zur Familie, Kosten, Aufwand, Interesse am Fach usw. nennen.

Erstelle deine *Matrix*. Zeichne eine Tabelle und schreibe die Optionen jeweils oben in die Spalten und die Kriterien an den Anfang der Zeilen. Um dir den Prozess zu erleichtern, habe ich bereits eine Tabelle für dich angefertigt.

Bewerte nun jeden Aspekt in Form eines Punktesystems von 1-10. 10 bedeutet, dass dieser Aspekt voll erfüllt wird, 1 bedeutet, dass dieser Aspekt kaum bis gar nicht erfüllt wird.

Berechne nun den Gesamtwert für jede einzelne Option. Die Option mit den meisten Punkten ist die rational am besten auffallende.

	Studium A	**Studium B**	**Studium C**
Interesse am Fach	4	9	10
Lage	10	6	5
Kosten	5	7	8
Jobaussichten	8	6	9
Punkte	27	28	32

	Land A	**Land B**	**Land C**
Interesse an Kultur			
Infrastruktur			
Wetter			
Karrieremöglichkeiten			
Punkte			

	Job A	**Job B**	**Job C**
Freiheit /HO-Option			
Bezahlung			
Anfahrt			
Jobaussichten			
Punkte			

Ich habe dir sowohl vereinfachte, vorgefertigte Matrizen als auch eine völlig leere vorbereitet. Versuche, jede Entscheidung, die du triffst, durch diese fließen zu lassen. Stehst du gerade vor keiner lebensverändernden Karriereentscheidung, so kannst du auch deine Wochenendplanung, dein nächstes Reiseziel oder deine nächste Investition mit Hilfe der Entscheidungs-Matrix analysieren und planen. Es gibt unzählige Tools, die dir bei der rationalen Entscheidungsfindung helfen können. Weißt du nicht weiter oder bekommst du aus deinem Umfeld zu viel Input, so verlasse dich in erster Linie auf dein Bauchgefühl und versuche es in weiterer Folge, anhand systematischer Hilfestellungen zu bestätigen.

Setze dir Deadlines

Um herauszufinden, wie du leben willst, was du arbeiten, studieren oder erreichen möchtest, musst du experimentieren und probieren. Ich bin zweifelsohne eine Macherin, probiere alles aus, was mir gefallen oder Spaß machen könnte, allerdings nur bis zu einem gewissen Punkt. Merke ich, etwas funktioniert nicht, dann muss ich revidieren und mir eingestehen, dass ich meine Energie und meine Aufmerksamkeit vielleicht doch lieber einer anderen Tätigkeit oder Passion widmen sollte.

Nachdem ich mich dafür entschieden hatte, meinen Food-Blog hauptberuflich weiterzuführen, habe ich mir eine Deadline gesetzt. »Wenn das hier nicht klappt, dann bewerbe ich mich nach Weihnachten für neue Jobs«, war meine Devise, damals im September. In diesen drei Monaten, die ich mir sozusagen als eigene vorläufige Probezeit gesetzt hatte, habe ich all meine Energie in mein Projekt investiert. Ich habe Vollgas gegeben, habe gemerkt, dass hinter meinen Rezepten, meinen Ernährungstipps und meinen Fotos Potential steckt, dass meine Followerschaft wächst und so habe ich bereits im Februar mehr Geld mit Social Media, als in meinen vorherigen »normalen« Jobs verdient, was letzten Endes, wenn auch etwas verspätet, meine Eltern von meiner Entscheidung überzeugt hat.

Egal, ob die Rechnung aufgeht oder auch nicht, Limits und Deadlines sind enorm wichtig, denn sie können uns davor bewahren, Zeit zu verschwenden, an unmög-

lichen Träumen festzuhalten oder eine Enttäuschung zu vertagen. Setze dir keine unrealistischen, viel zu kurzfristigen Grenzen, aber sei dir dessen bewusst, dass du auf deinem Weg auch scheitern wirst, davor war auch ich nicht bewahrt. Es ist völlig in Ordnung, sich eine Niederlage einzugestehen. Immerhin lernst du dabei, was dir nicht liegt, was du nicht willst und das ist mindestens genauso wichtig wie zu wissen, was du willst.

Du hast nichts zu verlieren!

Alte Glaubenssätze schränken uns ein. Wir leben unter ständigem Druck, haben das Gefühl, so schnell wie möglich unsere Ausbildung abschließen zu müssen, einen stabilen Arbeitsplatz zu finden und ja keine Zeit zu verschwenden. Dabei haben wir gerade in der Selbstfindungsphase unseres Lebens die Zeit und auch die Freiheit, all das auszuprobieren, was uns glücklich machen könnte. Wir trauen uns oft nicht, den nächsten Schritt zu wagen, weil wir Angst haben. Wovor genau hast du Angst? Was hast du zu verlieren?

Nach Abschluss meines Studiums war ich gerade 25 Jahre alt. Ich habe mich dafür entschieden, mich selbstständig zu machen. Viele Menschen hielten mich damals für verrückt, meinten, ich verbaue mir meine Zukunft, aber warum? Ich hatte damals nichts zu verlieren. Ich hatte kein Haus, habe keine Kinder, hatte kein Vermögen, welches ich verpulvern hätte können. Im Prinzip hatte ich eigentlich gar nichts, außer einen

Drive. Und diesen Drive habe ich genutzt, ich habe ihn erkundet und habe festgestellt, es hat sich gelohnt. Du hast jede Chance, alles auszutesten was du möchtest. Niemand sollte dich davon abhalten, am allerwenigsten du selbst. Egal, ob du scheiterst oder nicht, zumindest weißt du, du hast nichts zu bereuen, weil du alles daran gesetzt hast, deinen Weg zu gehen.

DIE CHALLENGE ENDET NIE

Sich selbst treu zu bleiben, ist eine Challenge. Der bequemere, oft einfachere Weg, ist jener, der kurzfristig zwar zufriedenstellt, nachhaltig allerdings unglücklich macht. Eltern, Umfeld und Gesellschaft, alte Glaubenssätze und falsche Überzeugungen, sowie die Angst vor dem Scheitern, machen es uns nicht gerade leicht, uns selbst treu zu bleiben und das zu tun, was unser tiefstes Inneres für richtig hält. Nach meinem Unfall habe ich realisiert, dass ich mir fast immer selbst treu geblieben bin, egal wie steinig der Weg dorthin war. Trotzdem kämpfe auch ich oft heute noch damit, mir gerade in beruflichen Fragen treu zu bleiben und nicht den »easy way out« oder das schnelle Geld zu wählen.

In meinem Beruf spielt Authentizität eine wichtige Rolle. Es dauert Jahre, ein loyales Following aufzubauen und zu halten. Eine unbedachte Story oder die falsche Kooperation können reichen, um das Vertrauen der Community zu brechen. In kaum einer Branche sind

Ehrlichkeit, Authentizität und Correctness so wichtig wie in meiner, auch wenn viele Kollegen das oft nicht so sehen. Ehrlichkeit ist außerdem, wie du bereits weißt, eine meiner drei Grundwerte, weshalb ich beruflich, wie privat, ehrlich sein will und muss, um mir selbst treu zu bleiben. Wir haben ja bereits gemeinsam unsere Werte definiert. Willst du dir auch im beruflichen Sinne selbst treu bleiben, kannst du auch hier eigene Werte definieren, die dir dabei helfen können, deinen Fokus nicht aus den Augen zu verlieren. Ich habe mir wie für meine persönlichen Core Values, auch meine Brand-Values bereits vor einigen Jahren definiert. Meine Brand-Values setzen sich beispielsweise aus Werten wie Fröhlichkeit, Enthusiasmus, Transparenz, Ehrlichkeit, Gesundheit und Motivation zusammen. Außerdem habe ich schon zu Beginn meiner Karriere beschlossen, keine Rezepte mit Butter, Zucker, oder extrem ungesunden Zutaten zu teilen, sowie auf Kooperationen mit meiner Meinung nach »ungesunden Firmen« zu verzichten.

Gerade als Influencerin werde ich tagtäglich auf die Probe gestellt, mir und meiner Brand treu zu bleiben. Im Stundentakt treffen neue Angebote, Kooperationsanfragen und Werbedeals ein und es liegt allein an mir zu entscheiden, auf welche ich mich einlasse und von welchen ich lieber die Finger lassen sollte. Oft beobachte ich Kollegen, die wirklich alles promoten, sich teilweise selbst widersprechen und Kooperationen offensichtlich nur aus einem einzigen Grund, und zwar wegen des Geldes, annehmen. Ich muss gestehen, es ist nicht immer

einfach, die richtigen Kooperationen anzunehmen, viel Geld abzulehnen und aus reinem Gewissen heraus zu handeln, auch ich habe schon die ein oder andere Fehlentscheidung getroffen, trotzdem versuche ich immer authentisch und ehrlich zu handeln.

»Liebe Carina, …«

Als ich den Absender der E-Mail, einen bekannten Fast-Food-Giganten, sah, habe ich die Nachricht direkt ignoriert. Die Philosophie und die Produkte dieses Unternehmens stimmen so gar nicht mit meinen Brand-Values überein, weshalb ich der Idee einer Kooperation keine Aufmerksamkeit schenken wollte. Ein paar Tage später fand ich erneut eine Mail der Restaurant-Kette in meinem Postfach vor. Diesmal mit »erstes völlig veganes Restaurant« im Betreff. Da wurde ich hellhörig. Immerhin habe ich eine sehr große vegane Community unter meinen Followern. Ich lebe selbst zwar nicht rein vegan, liebe allerdings vegane Rezepte und Alternativen zu herkömmlichen Speisen. Also habe ich mir die Rahmenbedingungen angesehen und mich dann doch dafür entschieden, das völlig vegane, neue Restaurant zu promoten. In meiner Story habe ich die Speisekarte präsentiert, die Location gezeigt und meinen Followern von den Produkten, die zu einhundert Prozent biologisch und aus Österreich sind, erzählt. Im Zuge meiner Review habe ich auch erwähnt, die Ehrlichkeit darf ja nicht zu kurz kom-

men, dass es sich bei den Speisen nicht unbedingt um gesundes Super-Food handelt, sie allerdings eine tolle, vegane Alternative darstellen, wenn es mal schnell gehen muss. Die Kooperation war jedenfalls ein voller Erfolg. Meine Follower fanden die neue vegane Fast-Food-Alternative sehr erfrischend und ich bin mir selbst treu geblieben, auch wenn ich anfangs nie gedacht hätte, mit solch einer Firma jemals eine Kooperation einzugehen.

Doch nicht so gütig

Leider verläuft nicht jede Kooperation so einwandfrei, auch ich lerne noch dazu. Auch wenn ich vielleicht als vegane Food-Bloggerin noch mehr Zuspruch bekäme, bin ich transparent, was meine Ernährung betrifft. Ich esse zwar nicht viel Fleisch, ab und zu gönne ich mir aber ein gutes Steak oder etwas frischen Fisch, vor allem in Bali oder Südafrika. Das wissen auch meine Follower. Die Anfrage für eine Kooperation mit einem bekannten österreichischen Gütezeichen für Bio-Putenfleisch habe ich demnach nicht sofort abgelehnt. Obwohl ich Fleisch esse und auch manchmal in meiner Story zeige, habe ich es noch nie aktiv promotet, da ich gerne den nachhaltigeren, veganen Lebensstil verkörpere. Aus diesem Grund dachte ich »Hey, es wäre doch auch mal cool, qualitativ hochwertiges Bio-Fleisch zu bewerben«. Immerhin gibt es auch unter meinen Followern einige Fleischesser, mich selbst inkludiert, und

wenn wir schon Fleisch konsumieren, dann zumindest hochwertige Bio-Produkte, für die gerade dieses Gütezeichen, laut eigener Beschreibung, zu einhundert Prozent stand. Ohne jegliche Bedenken nahm ich das Angebot an, unterschrieb den Vertrag und machte mich an die Arbeit. Da der Name dieses Unternehmens in Österreich ziemlich bekannt ist und ich dem Siegel vertraute, habe ich mich nicht weiter eingelesen. Ich bereitete den Content vor, filmte Stories und beschrieb meinen Bezug zu Fleisch. »Wenn ich Fleisch esse, dann nur von guter Qualität«, erzählte ich meinen Followern in der geplanten Story. Außerdem habe ich ein Rezept vorbereitet, Infos bereitgestellt und auf bewussten Fleischkonsum aufmerksam gemacht. Ich schickte den Content dann zur Freigabe an das Unternehmen, allerdings schien meine Aufarbeitung nicht ihren Vorstellungen zu entsprechen und so musste ich mein Konzept von Grund auf ändern, viele, mir wichtig erscheinende Punkte herausschneiden und was blieb, war eine völlig unrunde Geschichte.

Mein Bauchgefühl trügt mich selten. Bereits zu diesem Zeitpunkt schien der Vibe nicht mehr zu passen, die Aufarbeitung entsprach nicht dem, was ich gerne mit meinen Followern geteilt hätte und die chaotische Kommunikation mit dem Unternehmen erschien mir sehr unprofessionell. Tja, der Vertrag war bereits unterschrieben, auch der Content war abgefilmt und so postete ich Stories, Beitrag und Rezept, wie vereinbart, auf meiner Instagram-Seite.

Innerhalb kürzester Zeit erreichten mich dutzende negative Nachrichten. Meine Follower waren regelrecht erzürnt über meine Kooperation, hunderte von ihnen entfolgten mir in kürzester Zeit und mir war sofort klar, dass ich mir einen Fehltritt geleistet hatte. Nachdem ich mich durch die vielen Nachrichten gekämpft hatte, verstand ich die Reaktion meiner Follower. »Weißt du denn nicht von den Skandalen?«, »Wie kannst du mit so einem Unternehmen zusammenarbeiten?« waren die häufigsten Fragen. Als ich die Artikel las, wurde mir schlecht. Das Unternehmen bedient sich grauenvoller Praktiken, war für seine Skandale in den letzten Jahren immer wieder sehr negativ in den Medien und hat mit meinen Brand-Values eigentlich gar nichts zu tun. Die Kampagne war mir richtig peinlich. Nachdem ich erfahren habe, wie dieses Unternehmen arbeitet und dass Slogans wie »einhundert Prozent aus Österreich« nicht mehr als eine Lüge darstellen, habe ich meine Kampagne wieder von meinem Account entfernt. Ich habe dem Unternehmen meinen Standpunkt erklärt und mich von ihnen distanziert.

Fehltritte wie dieser sind unglaublich lehrreich. Wie du mit dem Scheitern umzugehen lernst, werden wir uns später noch genauer ansehen, ich habe jedenfalls aus dieser Situation gelernt, jede Firma genauestens zu recherchieren und mich über potentielle Werbepartner so gut es geht zu informieren.

Dir im Beruf selbst treu zu bleiben, erfordert Stärke, Disziplin und Geduld. Außerdem darfst du dich nie

vom schnellen Geld zu Deals oder Angeboten verleiten lassen, die gegen deine Core Values sprechen. Kann ich etwas nicht vertreten, dann nehme ich das Angebot auch nicht an. Da fährt die Eisenbahn drüber, wie wir so schön in Österreich sagen. Egal, ob mir eine Firma 5.000 oder 500.000 Euro anbieten würde, passt sie nicht zu meinen Core und Brand Values, sage ich klar und deutlich ab, ohne lange herum zu überlegen. Vom Beckenbodenvibrator bis hin zum Zirbenkissen, der Zahnbürste, aber auch passenderen Produkten wie Gewürzmischungen und Küchengeräten hatte ich wirklich schon so ziemlich jede erdenkliche Produkt-Kooperations-Anfrage in meinen DMs oder Emails. Auch wenn schnelle Deals und easy Money attraktiv scheinen, so bringen Authentizität, Ehrlichkeit und Selbsttreue, auf Dauer, viel mehr. Nur so kann nachhaltiger Erfolg, der auch tatsächlich glücklich macht, entstehen.

EIN SPRUNG INS UNGEWISSE

»Danke, ihr schenkt mir meinen größten Albtraum zur Sponsion!«, entgegnete ich leicht frustriert und etwas verängstigt meinen Eltern, nachdem ich mein Sponsionsgeschenk ausgepackt habe. Ein Fallschirmsprung. Ich weiß nicht, ob meine Eltern vergessen hatten, dass ich unter massiver Flugangst leide oder ob es ihnen egal war, jedenfalls wollte ich mich nur noch unter dem Esstisch verstecken und nicht wieder hervorkommen,

denn ohne undankbar wirken zu wollen, fand ich die Wahl meiner Eltern ziemlich fragwürdig.

Den gesamten Tag über kreisten meine Gedanken um dieses Geschenk. »Soll ich, soll ich nicht?«. Eigentlich wäre es eine Chance. Ich könnte mir selbst beweisen, mich selbst meiner größten Angst stellen. »Hallo, wann wäre der nächste Termin für einen Fallschirmsprung bei Ihnen frei?«, fragte ich zaghaft, als ich kurz darauf bei der Firma anrief. »Übermorgen, 16 Uhr!«, Entgegnete mir ein motivierter Mitarbeiter. Ich sagte zu. Ich dachte, je länger ich warte, desto öfter könnte ich mich umentscheiden oder einen Rückzieher machen. Den Termin erst in einem Monat zu fixieren, hätte mir den Raum gelassen, meine Entscheidung zu zerdenken, in zwei Tagen kann das kaum passieren und so fieberte ich mit gemischten Gefühlen diesem spontanen Termin entgegen.

Im Flugzeug war es unglaublich laut. Nachdem ich noch am Boden eine ausführliche Einschulung bekam und den typischen Fallschirm-Springer-Anzug anlegte, war ich eigentlich noch relativ positiv gestimmt. Erst als ich den Motor des Flugzeugs hörte und in der kleinen, etwas in die Jahre gekommenen und nach Schweiß riechenden Flugmaschine auf dem Boden Platz genommen hatte, wurde mir etwas mulmig. Meine Flugangst, die mich sonst auch bei normalen Linienflügen begleitet, war hier ebenfalls keine große Hilfe. Trotzdem, ich wollte stark bleiben und mir selbst beweisen, dass ich alles schaffen kann, kein Weg zu weit, kein Sprung zu

hoch und kein Flugzeug zu beängstigend für mich sein kann. In dem kleinen Flieger war es ungeheuerlich laut. Meinen Partner, es handelte sich um einen Tandemsprung, habe ich kaum verstanden. Als plötzlich die Klappe aufging und der Wind mit einer Wucht hineinwehte, dass ich fast im Sitzen umgefallen wäre, wusste ich, jetzt ist es so weit. Langsam nahm meine Nervosität völlig neue, mir unbekannte Dimensionen an. Ich zitterte am ganzen Körper, was, glaube ich, niemand gemerkt hat, da es kalt, laut und windig war und ich in meinem Ganzkörper-Anzug gut versteckt war. Meinen Mitspringenden dabei zuzusehen, wie sie plötzlich aus dem Flugzeug hüpfen und im Nichts verschwinden, kurbelte meine Angst nur noch mehr an. Fünf Personen waren vor mir dran. Einer weg, dann der zweite… Irgendwann war auch der letzte von ihnen in den Weiten des Himmels verschwunden und ich war an der Reihe. In dem Moment, als wir immer näher zur Schwelle des Flugzeugs rückten und ich langsam begriff, dass es jede Sekunde ab nach unten geht, habe ich mein Gehirn völlig ausgeschalten. »Carina, du musst jetzt deinem Partner vertrauen«, sagte ich mir. Allein konnte ich diesen Sprung nicht schaffen und ich hatte keine andere Wahl, als die Kontrolle abzugeben und mich auf die Expertise und Erfahrung meines Sprungpartners zu verlassen. Noch bevor ich es schaffte, einen Blick nach unten zu wagen, befanden wir uns bereits im freien Fall.

Es war eine unvergessliche Erfahrung. Ich habe mich selten so frei, so voller Adrenalin und so leben-

dig gefühlt und musste mir selbst und meinen Eltern im Nachhinein eingestehen, dass dieser Sprung die krasseste Erfahrung meines Lebens war und ich ihnen unendlich dankbar für diese Möglichkeit bin. Ich war unglaublich stolz auf mich. Nicht nur der Sprung war atemberaubend schön, sondern auch das Gefühl zu wissen, dass ich mich meinen tiefsten Ängsten stellen und im Prinzip alles schaffen kann.

Egal, welche Angst dich davor abhält, dir selbst bei beruflichen Entscheidungen treu zu bleiben, du musst sie brechen, dich ihr stellen. Erst wenn du deine Komfortzone verlässt, kannst du dich weiterentwickeln. Neue, ungewisse Situationen stärken dich viel mehr als das Vertraute. Meine Flugangst zum Beispiel war vor einigen Jahren wirklich beeinträchtigend. Tage vor den Flügen konnte ich nicht schlafen, schweißgebadet nahm ich auf meinem Sitz Platz und mein Herz raste, wie sonst nie. Jedes noch so kleine Geräusch versetzte mich in eine Panik-Attacke und ich war jedes Mal überzeugt davon, abzustürzen und zu sterben. Heute fliege ich in der Welt herum, lebe drei verschiedene Leben auf drei verschiedenen Kontinenten und stelle mich meiner Angst. Sonst hätte ich es auch nie aus dem kleinen Österreich in die große weite Welt hinausgeschafft.

Auch die Entscheidung, meinen Job aufzugeben und mein Glück mit, wie mein Vater immer so schön sagt, »Essensfotografiererei« zu versuchen, war beängstigend. Fast noch beängstigender als jeder Flug oder der Fallschirmsprung, denn diese Entscheidung soll-

te mein gesamtes Leben verändern. Trotzdem war es die beste Entscheidung, die ich je treffen konnte, denn so konnte ich meine Zeit, Energie und meinen Willen in das investieren, was ich tatsächlich machen wollte, nicht in etwas, das Gesellschaft, Eltern oder Umfeld für mich in Planung hatten. Dein Bauchgefühl und deine Core Values sind wirklich gute Indikatoren dafür, dir selbst treu bleiben zu können. Auch eine Decision-Matrix und das Feiern und Anerkennen kleiner Erfolge können dir dabei helfen, deine Ziele zu erreichen. Vergiss außerdem nie, dass dein Karriereweg kein Sprint, sondern ein Marathon ist, du dich nicht stressen solltest und dich nicht von Druck und Angst, sondern von Passion und Leidenschaft leiten lassen solltest. Es ist zwar immer hilfreich, die Meinung anderer wahrzunehmen und zu hören, allerdings darf dein Umfeld nicht der Entscheidungsträger deiner beruflichen, schulischen und universitären Entscheidungen sein. Habe keine Angst davor, etwas abzubrechen oder zu beenden, an dem du bereits arbeitest, wenn du deinen Plan B, eine Passion oder eine andere Idee hast, die dich nachhaltig glücklicher machen wird und besser zu dir passt.

Treue gegenüber dir selbst als Erfolgsgeheimnis

Solange du dir selbst treu bleibst, hast du in meinen Augen schon gewonnen, außerdem ist es das beste und wirkungsvollste Erfolgsgeheimnis. Meiner Erfahrung

und Beobachtung nach, sind Menschen, die ihre Ziele und Wünsche an ihren eigenen Bedürfnissen, nicht an denen anderer, festmachen, erfolgreicher als alle anderen. Denn sie schenken ihre Aufmerksamkeit, ihre Zeit und ihre Energie den Dingen, die sie gut können, die ihnen Spaß machen und vermeiden so die Durchschnittsfalle. Je glücklicher dich etwas macht, desto besser machst du es auch, davon bin ich überzeugt und darauf solltest du deine beruflichen Entscheidungen auch zumindest zum Teil, beruhen lassen. Denn arbeiten wirst du noch genug in deinem Leben, also versuche, dir diese Zeit so authentisch und erfüllt zu gestalten, wie nur irgendwie möglich.

Wir alle leben in dem Glauben, dass es gewisse Regeln, gewisse Standards und einen bestimmten Weg für uns gibt, dem wir folgen müssen. Dabei liegt es an dir, dein Leben, deine berufliche Laufbahn und deine Karriere so zu definieren, wie du es für richtig hältst. Mir ist Freiheit unglaublich wichtig. Ich liebe Österreich, aber ich wollte schon immer unabhängig und von überall aus arbeiten können. Ich habe für meinen Karriereweg, wie in vielen anderen Lebensbereichen, auf die wir noch zu sprechen kommen, meine Regeln aufgestellt und erschaffen und ich appelliere an dich, das auch zu tun. Warum musst du für jemand anderen arbeiten? Warum nicht für dich selbst? Warum kannst du deinen Lebensunterhalt nicht mit deiner Leidenschaft, deinem Hobby verdienen? Warum musst du in einem Büro sitzen, wenn du auch auf Bali vom Strand

aus arbeiten kannst? Warum musst du nur eine oder zwei Sprachen sprechen, wenn du auch zehn sprechen kannst?

Anstatt immer nur ans Scheitern zu denken oder Angst vor der Meinung der anderen Menschen in deinem Leben zu haben, solltest du einfach mal ausprobieren, wagen und riskieren. Nicht nachdenken, sondern machen. Was hast du zu verlieren?

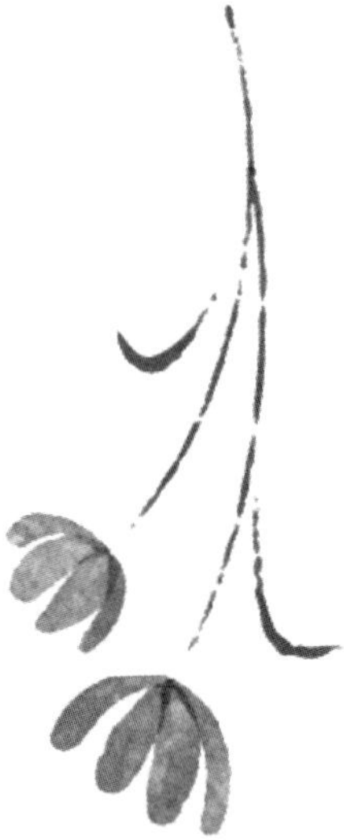

BEZIEHUNGEN

Um ein erfülltes Leben ohne Reue und ohne ständiges Zweifeln und Hinterfragen zu leben, musst du dir in jeder Lebenslage treu bleiben. Vor allem zwischenmenschliche Beziehungen stellen uns in dieser Hinsicht tagtäglich auf die Probe, weshalb es umso wichtiger ist, uns bewusst zu machen, mit wem wir unsere wertvolle Zeit verbringen, wie wir uns in Beziehungen verhalten, wie wir mit Konflikten umgehen und wie wir mit unseren Bekanntschaften, Freunden, Familienmitgliedern und unserem Partner umzugehen haben.

Beziehungen, egal ob sie auf Liebe, Freundschaft oder Genetik beruhen, können uns unglaublich viel geben. Sie können uns Emotionen spüren lassen, sie geben uns die Chance, unser Glück, unseren Erfolg, aber auch unser Leid und unsere Trauer zu teilen. Stärkende, positive und gesunde Beziehungen können uns Kraft geben und uns somit im Leben weiterhelfen. Allerdings gibt es auch jene Beziehungen, die uns mehr Kraft rauben, als sie uns schenken. Beziehungen, die ziemlich einseitig, oft sogar toxisch sind und uns im Leben eher zurückwerfen als vorwärtsbringen. Außerdem gibt es auch einige richtige Beziehungskiller, die wir teilweise automatisch, völlig unbewusst selbst praktizieren, wodurch wir letzten Endes selbst gesunde, glückliche Beziehungen gefährden, sogar zerstören. Auch wenn ich mich keinesfalls als Beziehungsexpertin oder Paartherapeutin bezeichnen würde, so habe ich viel aus vergangen Beziehungen, meiner noch immer seit über

zehn Jahren anhaltenden Beziehung zu meinem Partner, und jahrelangen Freundschaften, gelernt. Ich habe gelernt, wie wichtig es ist, mir selbst in meinen Beziehungen treu zu bleiben, auch wenn das bedeuten kann, mein Gegenüber kurzzeitig zu verletzen oder zu überraschen. Ich habe gelernt, wie unglaublich wichtig es ist zu vergeben und wie essentiell es sein kann, manche Beziehungen zu beenden, sich einzugestehen, nicht mehr auf der gleichen Wellenlänge zu sein. Außerdem habe ich gelernt, dass es in Beziehungen, wie auch bei Karriereentscheidungen, kein richtig oder falsch gibt. Es gibt kein Beziehungshandbuch, kein Regelwerk und keine Gebrauchsanleitung. Das Einzige, was zählt, ist, dass du, du allein, mit deinem Beziehungsmodell, deinen Freundschaften und deinen Problemlösestrategien glücklich bist und dich mit den Menschen umgibst, die dir tatsächlich guttun.

Wie du dir vielleicht bereits vorstellen kannst, habe ich auch in Punkto Beziehung nicht unbedingt den konventionellen Weg gewählt. Vielleicht ist aber genau das der Grund dafür, dass ich nun seit über zehn Jahren glücklich mit meinem Freund zusammen bin. Bevor ich dir allerdings genauer von unserem ganz persönlichen Beziehungskonzept erzähle, möchte ich dir veranschaulichen, wie ich mit Konflikten umgehe, warum ich Groll für Gift halte und warum es völlig in Ordnung ist, selbst die ältesten Schulfreunde ziehen zu lassen.

LERNE ZU VERGEBEN

In Freundschaften, Beziehungen und familiären Bindungen wird deine Vergebungs-Kraft, deine Stärke und dein Wille zur Klärung von Konflikten immer wieder auf die Probe gestellt. Die Augen zu verschließen, sich abzuwenden oder Spannung zu ignorieren, scheint oft die günstigste und unkomplizierteste Lösung. Doch Vergebung bringt nicht nur deine Beziehung weiter und lockert Spannungen, sondern sie hilft dir auch dabei, du selbst zu bleiben, dir selbst treu zu sein und zu reifen. Auch, wenn der Prozess dahin manchmal wirklich zehrend und emotional sein kann.

Nach meinem lebensverändernden Unfall, meinem Nahtod-Erlebnis, war ich ziemlich sauer auf meinen Freund Thomas. Sauer ist vielleicht sogar der falsche Ausdruck, denn in erster Linie war ich enttäuscht. Ich war enttäuscht darüber, dass er mein, aber auch sein Leben aufs Spiel gesetzt hatte. Aus Dummheit und Imponiergehabe riskierte er den Tod, Verletzungen, Traumata und langanhaltende Schäden, sowohl seiner- als auch meinerseits. Wäre es ein rein unverschuldeter Unfall gewesen, hätte ich nie Groll gehegt, ich wäre weder enttäuscht noch wütend gewesen. Da dieser Unfall allerdings zum Teil auf seinem extremen Fahrstil, der verantwortungslosen Geschwindigkeit und seinem Leichtsinn beruhte, konnte ich meine Frustration ihm gegenüber nicht verheimlichen oder unterdrücken. Hätte er mehr Rücksicht auf meine und auch seine eige-

ne Sicherheit genommen, so hätte sich der dramatische Unfallhergang, meines Erachtens, eindeutig vermeiden lassen können.

Thomas ist ein guter Mensch. Sonst wäre ich auch nicht mit ihm befreundet. Es war niemals seine Intention, mir absichtlich weh zu tun und die Situation, vor allem aber auch mein Zustand nach dem Unfall haben ihn sichtlich mitgenommen. Auch wenn er keine körperlichen Schäden davongetragen hat, außer vielleicht ein paar Kratzer und Schürfwunden, so hat ihn dieses Ereignis psychisch sehr belastet und er verspürte Schuldgefühle. Er wusste nicht, wie er sich mir gegenüber verhalten sollte, ob ich überhaupt Interesse daran hatte, mit ihm zu sprechen oder zu interagieren, aber ich habe ihm ziemlich schnell erklärt, dass es mir unglaublich wichtig ist, dieses Ereignis und unsere Beziehung gemeinsam aufzuarbeiten.

Vergeben ist wahnsinnig wichtig für deine eigene innere Ruhe.

Ich wusste, ich möchte keinen Groll hegen, ihn nicht beschuldigen, hassen oder als Täter darstellen. Außerdem wollte ich keinesfalls diesen Ärger, den ich zugegebenermaßen in mir trug, mein gesamtes Leben lang mit mir herumschleppen, denn jeglicher Ärger und Groll, den du anderen Personen gegenüber in dir trägst und niemals aufarbeitest, ist wie Gift, wie eine dicke, schwarze, ölige Flüssigkeit, die durch deinen Körper fließt und deine innere Ruhe gefährdet. Bist du nach-

tragend, wirfst einer Person immer und immer wieder, bis an dein Lebensende, etwas vor, bringt das absolut gar nichts. Weder dir, noch deinem Gegenüber. Der einzige Effekt, den Nachtragerei hat, ist, dass sie dich verbittert. Weshalb ich unbedingt auch mit Thomas das Geschehene verarbeiten musste. Und zwar gemeinsam.

Konsequenzen setzen

Widerfährt dir etwas Negatives, verletzt dich einer deiner Mitmenschen oder wirst du von einer nahestehenden Person enttäuscht, so sollst du nicht ständig, völlig ohne Konsequenzen und blind vergeben. Auch wenn ich ein Fan der Vergebung bin, so dürfen wir nicht vergessen, unser Gegenüber zur Rechenschaft zu ziehen. Klar, Vergebung und Versöhnung sind wunderbar, allerdings wirst du immer und immer wieder aufs Neue verletzt, wenn du jeden Fehltritt deines Umfelds ohne einen Mucks akzeptierst und verzeihst. Viel zielführender ist es, in einer solchen Situation gemeinsam an einer Lösung zu arbeiten, dem Gegenüber zu verstehen zu geben, was dich verletzt hat und dass zumindest eine Entschuldigung, eine Wiedergutmachung oder ein ernstes Gespräch notwendig sind, um die Wogen zu glätten. So fand auch ich, dass es nur fair ist, wenn Thomas eine Konsequenz aus seinen Taten zieht. Immerhin ist er mit einem Schock davongekommen, während ich monatelange Reha, Operationen und viel Schmerz vor mir hatte.

Selbst die Polizei ließ ihre Anzeige für Körperverletzung im Straßenverkehr fallen, somit musste Thomas keinerlei Konsequenzen für sein leichtsinniges Verhalten tragen. Nicht, dass ich ihm eine Strafe gegönnt hätte, ich war genauso erleichtert wie er, als die Strafe fallen gelassen wurde.

Mir, wie auch ihm, war es ein großes Anliegen, nach dem Unfall Zeit miteinander zu verbringen und an unserer Beziehung zu arbeiten. Ich glaube, es war ihm ein Bedürfnis, mir zu helfen. Für mich war es die perfekte Gelegenheit, an meiner Vergebung zu arbeiten und die Reue seinerseits zu sehen. Nachdem ich aus dem Krankenhaus entlassen wurde, stand Thomas sofort bereit, um mich zu unterstützen. Zwei Wochen lang war er Tag für Tag für mich da, hat mich gepflegt, wirklich alles für mich gemacht. Er lackierte mir meine Nägel, schob mich in meinem Rollstuhl unter die Dusche und kochte mir erstaunlich schmackhafte Gerichte. Außerdem hatten wir nun die Zeit, die wir brauchten, um den Unfall aufzuarbeiten, um über alles sprechen zu können und um ihm die Chance zu geben, mir zu beweisen, mich nicht völlig in ihm als Mensch getäuscht zu haben. Neben unseren privaten Gesprächen haben wir außerdem mit einer Unfallpsychologin unsere Gedanken geteilt und gemeinsam so mit dem Thema abgeschlossen.

Mittlerweile sehe ich Thomas mindestens einmal im Jahr. Wir kommunizieren regelmäßig und sind weiterhin gute Freunde. Ich bin stolz auf uns beide. Wir haben ge-

meinsam dieses traumatische Erlebnis verarbeitet, haben uns auch gemeinsam der Öffentlichkeit gestellt und unseren Followern von den Geschehnissen berichtet.

Negatives in Positives umwandeln

Nachtragend zu sein, Hass in dir zu tragen und nicht vergeben zu können, lösen eine Belastung in dir aus. Negative Emotionen anderen Menschen gegenüber nehmen dich ein, ziehen dich runter und vergiften deinen Geist. Auch wenn vergeben manchmal unglaublich schwer sein kann, du über deinen Schatten springen und deinen Stolz ablegen musst, so ist es den Prozess wert, solange dein Gegenüber gewillt ist, dir zu beweisen, dass sich dein Vergeben lohnt. Anstatt in Selbstmitleid zu versinken, Thomas zu verteufeln und die Freundschaft zu beenden, akzeptierte ich die Tatsachen und konzentrierte mich auf das Wesentliche. Ich lernte, das maximal Positive aus jeder noch so dunklen und negativen Situation meines Lebens zu erkennen. Viel später erkannte ich außerdem den wahren Wert dieses schrecklichen Ereignisses. Auch wenn ich litt, Angst hatte und dachte, nie wieder laufen zu können, so habe ich zumindest die Erkenntnis mitgenommen, die auch heute noch mein Leben und meine Entscheidungen prägt. Die Erkenntnis, die ich heute auch mit dir teile und die uns allen hoffentlich eine Lehre sein kann.

KONFLIKTMANAGEMENT

Jede Beziehung, egal ob jene mit deinem Partner, deiner Mutter, einer Freundin oder einer Cousine, bringt früher oder später Konflikte mit sich. Diese Konflikte können von kleinen Uneinigkeiten über die Tagesplanung bis hin zu großen Grundsatzdiskussionen reichen. Auch wenn dir kleine Konflikte nicht als lösungswürdig erscheinen, du eher unangenehme Themen vermeidest oder irritierende Aussagen deines Gegenübers ignorierst, solltest du, gerade wenn du dir in Zukunft selbst treu bleiben möchtest, jeden noch so banalen Konflikt lösen, ansprechen und aufarbeiten.

Wir Menschen gehen Konflikten und unangenehmen Konfrontationen liebend gerne aus dem Weg. Wir verschließen Augen, Ohren und Mund, wenden die Vermeidungstechniken an, die wir uns vielleicht schon bewusst oder unbewusst, von unseren Eltern abgeschaut haben, und stauen negative Emotionen, verletzende Aussagen und traumatisierende Erinnerungen in uns auf. Dabei gibt es nichts angenehmeres und befreienderes, als einen Konflikt zu lösen.

Schaffe eine Tabula Rasa

Ein schwieriges Gespräch kann wahre Wunder bewirken. Je mehr Groll und Negativität wir in uns angesammelt haben, desto höher ist die Chance, irgendwann zu explodieren und eine Beziehung tatsächlich aufs Spiel

zu setzen. Schaffen wir es, alte Muster aufzubrechen, teils verjährte Konflikte aufzulösen und ehrliche Gespräche über die Gefühle beider Parteien zu führen, so können wir im besten Fall mit einer Tabula Rasa, einer völlig leeren Tafel, von neu beginnen.

Stelle dir deine Beziehung mit deiner besten Freundin wie eine alte Schiefertafel vor. Je mehr Probleme sich zwischen euch anhäufen, je öfter ihr Konflikte ignoriert und unterbewusst Hass aufbaut, desto dreckiger, befleckter und bekritzelter ist diese Tafel irgendwann. Eines Tages ist kaum mehr Platz für neue Probleme auf dieser Tafel und eine von euch explodiert. Irgendwann lästert ihr nur noch übereinander, denn ihr klärt die Probleme nicht zwischen euch, schluckt Diskrepanzen einfach hinunter und könnt eure Tafel nicht bereinigen. Dabei kann es so einfach sein, Konflikte zu lösen, unangenehme Themen aufzuarbeiten und eure Tafel zu löschen, neu anzufangen und die Beziehung mit einem clean slate fortzuführen.

1. Höre deinem Gegenüber zu

Mein Lieblingsratschlag, wenn es um Sachen Konfliktmanagement geht, ist das Zuhören. Auch wenn es dir als selbstverständlich erscheinen mag, so will die Kunst des Zuhörens erst gelernt sein. Zuhören ist mehr als nur stummes Nicken und bejahen des Gesagten. Zuhören bedeutet zu verstehen, was dir dein Gegenüber sagen will, zwischen den Zeilen zu lesen und

auch Rückfragen zu stellen, auf dein Gegenüber einzugehen. Zuhören bedeutet außerdem, zurückzustecken. Merkst du, dein Gegenüber wird besonders emotional, spricht über ein heikles Thema und öffnet sich, kannst du mit dem Erzählen deiner Geschichte oder dem Anbringen deiner Anmerkungen in manchen Fällen warten. Willst du aktiv einen Konflikt lösen, musst du von deinem Gegenüber übrigens ein ähnliches Level an Verständnis und Zuhörer-Fähigkeit erwarten. Denn Konfliktlösung darf nie auf Einseitigkeit beruhen.

2. Versetze dich in dein Gegenüber hinein

Wo auch immer der Konflikt seine Wurzeln findet, versuche dich in dein Gegenüber hineinzuversetzen und seinen Standpunkt zu verstehen, auch wenn du der Meinung bist, der Fehler liegt keinesfalls bei dir. Manchmal merken wir gar nicht, wie sehr unser eigenes Verhalten das Verhalten unserer Mitmenschen beeinflusst, wir nehmen oft die Wirkung unserer eigenen Aussagen kaum wahr und können, ohne es zu wollen, ziemlich ignorant sein. Versuche außerdem, deinem Gegenüber die Chance zu geben, sich in dich hineinzuversetzen, indem du sachlich erklärst, wie du dich fühlst und was dich in eurer Beziehung kränkt oder stört.

3. Verstehen, vergeben, vergessen

Konflikte und unausgesprochene Probleme fördern Depressionen, Panikattacken und Angstzustände. Sie machen uns bewiesenermaßen unglücklich und schränken unsere Lebensqualität massiv ein. Sie lösen eine innere Unruhe in uns aus, die du vielleicht aus vergangen Situationen kennst. Oft können wir aufgrund ungelöster Konflikte kaum schlafen, verspüren eine gewisse Nervosität, ein unangenehmes Kribbeln in der Brust, machen uns Gedanken und Sorgen und leiden darunter. Konflikte allein mit dir selbst auszumachen oder deinem Unterbewusstsein die gesamte Arbeit zu überlassen, tut weder dir noch deinen Mitmenschen und Beziehungen gut. Anstatt ständig in negativen Gedanken zu schwelgen, negativen Energien Raum zu geben, solltest du deine mentale Gesundheit fördern und endlich mit deinem Konfliktmanagement anfangen. Der erste Schritt ist getan, wenn du das Gespräch suchst, wenn du deinem Gegenüber zuhörst und dich in es hineinfühlst. Dann geht es daran, die Situation, das Problem einzuordnen und zu verstehen. Nur so kommst du auch zu einer Lösung. Im Idealfall könnt ihr euch gegenseitig vergeben, begrabt euren Groll und startet dann gemeinsam in eine Zukunft, in der ihr vielleicht sogar eure veralteten Streitigkeiten vergessen und mit einer Tabula Rasa von vorne beginnen und eure Beziehung auf eine völlig neue Art und Weise genießen könnt.

LOSLASSEN LERNEN

Dein Leben, deine Persönlichkeit, deine Gedanken, deine Vorlieben, sowie deine Beziehungen befinden sich in ständigem Wandel. Irgendwann gilt es, deine eigenen, aber auch die Entwicklungen deiner Mitmenschen, zu akzeptieren. Nicht jeder Konflikt ist lösbar, nicht jede Ungereimtheit kann aus dem Weg geräumt werden und manchmal musst du loslassen. Ihr alle seid nicht mehr die gleichen Menschen, wie vor zehn, fünfzehn oder zwanzig Jahren. Hältst du dich krampfhaft an Menschen und Beziehungen fest, die heute schlichtweg nicht mehr funktionieren, toxische Züge aufweisen und dir nicht guttun, so bleibst du dir selbst nicht treu und wirst auf Dauer auch nicht glücklich, egal wie viel Konfliktmanagement du betreibst.

Ich bin karrierebedingt oft unterwegs, wohne mittlerweile nicht mehr überwiegend in Österreich und habe mir mein Leben in Bali und Südafrika aufgebaut. Komme ich nach Hause, merke ich, mein Umfeld hat sich kaum weiterentwickelt, manche meiner alten Freunde sind quasi stehengeblieben, haben das gleiche Mindset wie noch vor zehn Jahren. Eigentlich freute ich mich immer aufs nach Hause kommen, habe die Zeit mit meinen alten Freunden vermisst und dem anstehenden Wiedersehen immer positiv entgegengeblickt. Doch leider waren diese Treffen oft auslaugend, anstrengend und raubten mir Energie. Meine damaligen Freunde lebten in einer völlig anderen Realität, ihre Ansichten wa-

ren in meinen Augen oft engstirnig und auch sie haben die neue Carina mit ziemlich hoher Wahrscheinlichkeit kaum wiedererkannt. Nach jedem Treffen war ich müder, nach jeder Unterhaltung genervter und so musste ich mir eingestehen: »So sollte eine Freundschaft nicht sein«. Eine Freundschaft sollte dir nicht deine Energie rauben, dich auslaugen und negative Gefühle in dir auslösen, zumindest nicht ständig. Deswegen habe ich mich auch bewusst dazu entschieden, den Kontakt zu minimieren oder komplett zu beenden, wenn ich bemerkte, eine Freundschaft gibt mir keinen Wert mehr. So hart das auch klingen mag, aber Freundschaften kommen und gehen. Mit viel Glück bleiben dir manche Freunde tatsächlich fürs Leben, allerdings musst du dir auch eingestehen, wenn der einzige Grund, warum du noch an einer Freundschaft festhältst, der ist, weil ihr euch schon lange kennt, gemeinsam die Schule bewältigt habt oder auf der Uni unzertrennlich wart.

Würdest du die Person heute kennenlernen,
wärst du mit ihr befreundet?

Befindest du dich in einer toxischen Freundschaft oder Beziehung, so lohnt es sich zu hinterfragen, ob du dich tatsächlich auch heute noch mit der Person, so wie sie jetzt ist, anfreunden würdest. Vertretet ihr noch die gleichen Werte? Habt ihr überhaupt noch Gemeinsamkeiten? Hat sich einer von euch weiterentwickelt, während der andere stehengeblieben ist? Versuche, dir diese Fra-

gen durch den Kopf gehen zu lassen. Jede Freundschaft hat ihre Höhen und ihre Tiefen, allerdings musst du dich irgendwann von toxischen Menschen entfernen. Nörgelt dein Gegenüber ständig, ist nur negativ und zieht dich bei jedem Treffen runter, musst du irgendwann die Reißleine ziehen. Du bist nicht der Stressball, der Therapeut oder der Boxsack deiner Freunde. Klar, du kannst für sie da sein, ihnen helfen und Rat geben, aber auch du bist irgendwann an der Reihe und auch deine Kräfte finden irgendwann ein Ende.

Du bist der Durchschnitt aus den fünf Menschen, mit denen du die meiste Zeit verbringst.

Ich bin der Meinung, dass wir alle der Durchschnitt der fünf Menschen sind, mit denen wir die meiste Zeit verbringen. Darin sind nicht nur Freunde, sondern natürlich auch Partner, oder Familie mitinbegriffen. Die Menschen, mit denen wir uns umgeben, üben einen extremen Einfluss auf uns aus. Mehr als wir wahrnehmen oder zulassen möchten. Du profitierst immens davon, wenn du dich mit Menschen umgibst, die dich motivieren, inspirieren, pushen und herausfordern. Menschen, die uns anspornen, anstatt runterzuziehen. Die die beste Version von dir sehen wollen, und dich nicht zu verantwortungslosem, ungesundem oder selbstzerstörerischem Verhalten anfeuern.

Lasse deine Freunde oder deinen Partner niemals leichtfertig gehen. Versuche in erster Linie immer, Kon-

flikte zu lösen, zu besprechen und meine bereits erwähnten Tipps zum Thema Konfliktmanagement anzuwenden. Sollten allerdings alle Stricke reißen, solltest du dich in einer Freundschaft oder einer Beziehung überhaupt nicht mehr wohlfühlen, dann musst du den Mut aufweisen, diese Person aus deinem Leben gehen zu lassen. Vielleicht nur vorübergehend, vielleicht aber auch auf Lebenszeit. Wichtig ist, dir in jeder Beziehung, vor allem auch in alten Freundschaften, selbst treu zu bleiben, Veränderung und Entwicklung zu akzeptieren und Entscheidungen in erster Linie nach deinem Wohlbefinden zu bemessen.

ALLEIN-ZEIT

Umgibst du dich ständig mit Freunden, Familie oder deinem Partner, so läufst du Gefahr, dich früher oder später, selbst zu verlieren. Klar, gemeinsame Zeit ist unfassbar wertvoll, trotzdem solltest du auch nicht die Zeit mit dir selbst vernachlässigen. Gerade, wenn du dir selbst treu bleiben und dein Leben nach deinen Vorstellungen leben willst, ist die Allein-Zeit ein wertvolles Tool, um ebendas zu erreichen.

Seit meiner Jugend war ich eigentlich permanent in einer Liebesbeziehung. Völlig allein war ich selten, zumindest wenn ich in meiner Heimat, Österreich, war. Nachdem ich in weiterer Folge bereits vier Jahre mit meinem jetzigen Partner zusammen war, habe ich realisiert, niemals richtig allein gewesen zu sein, mich gar

nicht zu kennen ohne Freund, nur mit mir selbst. Ich traf eine folgenschwere Entscheidung und machte mit meinem Freund Schluss, obwohl in unserer Beziehung alles in Ordnung war. Ich musste ehrlich zu mir selbst sein. Ich wusste, ich kann in Zukunft keine gute Partnerin sein und mich selbst kennen, mir selbst treu bleiben, ohne zu wissen, wie ich mit mir selbst klarkomme, allein und ohne Sicherheitsnetz. Außerdem wollte ich niemals aus Angst vorm Alleinsein an einer Beziehung festhalten, weshalb ich mich beabsichtigt in diese Situation brachte. Ich musste mich auf mich selbst fokussieren, mich meinen Ängsten stellen und vor allem die Beziehung mit der zweiten wichtigsten männlichen Bezugsperson meines Lebens aufarbeiten. Nämlich die Beziehung zwischen meinem Vater und mir. Einige intensive Gespräche, viele Tränen und zahlreiche Erkenntnisse später, konnte ich tatsächlich die tiefliegenden Ängste und Probleme zwischen meinem Vater und mir klären. Das Gefühl, nicht gut genug zu sein, nicht geliebt zu werden und Anerkennung bei anderen Männern zu suchen, konnten wir durch das analysieren unserer verschiedenen Love Languages, aufbrechen. Endlich hatte ich Klarheit. Außerdem habe ich gelernt, allein zu sein und allein stark zu sein. Nicht wegen jeder kleinen Unannehmlichkeit meinen Freund anrufen zu können, war anfangs zwar sehr ungewohnt, allerdings habe ich nach und nach realisiert, dass ich mich nicht auf andere Menschen, sondern in erster Linie auf mich selbst verlassen muss.

Fünf Monate später präsentierte ich Alberto die Rückschlüsse, die ich in jener Zeit ziehen konnte. Er wusste, ich möchte die Beziehung nicht für immer beenden, sondern mich selbst finden, allerdings war uns beiden bewusst, selbst eine temporäre Trennung könne das endgültige Aus unseres gemeinsamen Weges bedeuten. Ich könnte nicht glücklicher darüber sein, solch einen verständnisvollen Partner zu haben. Damals hat ihn meine Entscheidung zwar verletzt, aber er hat sich in mich hineinversetzt und mich verstanden. Als ich ihm von meinem persönlichen Wachstum, der Aufarbeitung der Beziehung zwischen meinem Vater und mir und meinen Erkenntnissen aus der Allein-Zeit berichtete, nahm er mich in den Arm. Auch er erkannte meine Entwicklung, meine geerdete neue Stärke und meinen Willen, die Beziehung von nun an noch ernster, noch inniger und noch echter weiterzuführen.

Diese kleine Pause stärkte unsere Beziehung ungemein. Ich wusste plötzlich, ich brauche keinen Freund, um glücklich zu sein, ich brauche keine Beziehung mehr, um meine eigenen Probleme, meine Beziehung zu meinen Eltern oder meine vergangenen Traumata zu kompensieren. Ich will mit Alberto zusammen sein, weil ich ihn liebe, weil wir uns Freude und Glück schenken und die schönen, wie auch die weniger schönen Momente im Leben teilen können, aber nicht, weil ich ihn brauche. Eine für mich unglaublich wertvolle Erkenntnis, die mit Sicherheit auch dazu beigetragen hat, dass wir immer und immer weiter an uns, unserem Bezie-

hungsmodell und unserer persönlichen Stärke arbeiten. Denn ganz so »normal« scheint unsere Beziehung für den ein oder anderen vielleicht nicht, aber dazu kommen wir noch.

Trage dir dein Date mit dir selbst im Kalender ein.

Auch heute nehme ich mir noch immer bewusst Zeit für mich. Genauso wie ich mir Dates mit meinem Partner, Treffen mit meiner Familie und Verabredungen mit meinen Freunden in meinen Kalender eintrage, trage ich mir auch Dates mit mir selbst darin ein. Mindestens einmal im Monat, vorzugsweise allerdings so oft wie möglich. Erst kürzlich flog ich allein auf Urlaub, habe mir in Portugal meinen Traum eines Reitcamps erfüllt und mir bewusst die Zeit für mich selbst, abseits meines Partners, meiner Freunde und meines täglichen Umfelds genommen. Gerade bei Liebesbeziehungen ist die Zeit getrennt voneinander essentiell. Auch wenn es wehtut, den Freund ein paar Tage lang nicht zu sehen, ohne ihn einzuschlafen und ihn nicht ständig um dich zu haben, so stärkt diese Zeit nicht nur deine eigene Entwicklung, sondern auch eure Beziehung. Ihr lernt erneut, euch zu vermissen, zu schätzen und nehmt euch nicht ständig für selbstverständlich.

In erster Linie musst du mit dir selbst glücklich sein. Es ist nicht die Aufgabe deines Partners, eines Freundes oder auch deiner Familie, dich glücklich zu machen,

sondern ganz allein deine. Erst wenn du mit dir selbst zufrieden bist, kannst du dir auch in Beziehungen tatsächlich treu bleiben.

KENNE DEINE LOVE LANGUAGE

Die Liebe ist eines der schönsten Gefühle auf der Welt, nicht? Trotzdem scheint das schönste Gefühl der Welt Hand in Hand mit den dramatischsten und tränenreichsten Konflikten zu gehen. Oftmals liegt diesen Konflikten kein Mangel an Gefühlen oder keine konkreten Fehler deines Partners, sondern dem Nichtbewusstsein der jeweiligen Love Languages zu Grunde.

Der renommierte Therapeut Gary Chapman hat anhand seiner jahrelangen Erfahrung und Forschung die *Five Love Languges*, also die fünf Sprachen der Liebe definiert. Diese sollen uns dabei helfen, unsere eigenen Gefühle, sowie die Gefühle unseres Partners oder unseres Gegenübers besser zu verstehen. Ich habe mich persönlich schon sehr lange mit diesen Sprachen der Liebe auseinandergesetzt und sie haben maßgeblich zum Erfolg meiner Beziehungen beigetragen.

Die Fünf Sprachen der Liebe:

Um dir einen kleinen Einblick in die verschiedenen Sprachen zu liefern, dir dabei zu helfen, deine, aber auch die Liebessprache deines Gegenübers zu identi-

fizieren, habe ich dir nachfolgend eine kleine Zusammenfassung aller fünf Typen bereitgestellt. Versuche, dich selbst wiederzuerkennen. Welcher Typ spiegelt dein Verhalten und deine Ansprüche am ehesten wider?

1. Anerkennung und Lob

Ist Anerkennung und Lob deine Love Language, dann überhäufst du dein Gegenüber gerne mit Komplimenten. Du lobst, erkennst und feierst die Erfolge deines Partners an und hast kein Problem damit, das auch auszusprechen. Es tut dir gut, deine Wertschätzung zu teilen und du willst dein Gegenüber ständig wissen lassen, was für ein besonderer Mensch er oder sie für dich ist. Allerdings ist auch dir die Wertschätzung deines Gegenübers im Gegenzug sehr wichtig. Du fühlst dich schnell zurückgesetzt, wenn du keine Anerkennung erfährst und zweifelst an deiner Liebenswürdigkeit, sobald du nicht darin bestätigt wirst.

2. Zweisamkeit

Mit deinen Liebsten so viel Zeit wie möglich zu verbringen, stellt für dich die höchste Priorität dar? Dann ist deine Love Language mit hoher Wahrscheinlichkeit die Zweisamkeit. Dir ist es egal, ob ihr Unternehmungen macht oder einfach nur einen Abend auf der Couch verbringt, Hauptsache, ihr seid beisammen. Sprichst du diese Liebessprache, schenkst du deinem Gegenüber

uneingeschränkte Aufmerksamkeit und es scheint für dich selbstverständlich, immer für deinen Partner da zu sein und so viel Zeit wie möglich mit ihm zu verbringen. Allerdings erwartest du dir von deinem Partner ähnliche Initiative und bist schnell enttäuscht, wenn sie andere Prioritäten setzen.

3. Geschenke

Wer die Geschenk-Sprache spricht, ist ein wahrer Gönner. Schenker haben unglaubliche Freude daran, ihren Partner, ihre Familie oder ihr Gegenüber zu beschenken, sie zu überraschen und ihnen verrückte und ausgefallene Freuden zu bereiten. Sie drücken ihre Liebe oft nicht mit Worten, sondern eben mit Geschenken und Aufmerksamkeiten aus. Besitzt du die Fähigkeit zu erkennen, womit du deinem Gegenüber eine Freude machen kannst, nur um das Leuchten in ihren Augen zu sehen, sprichst du wohl die Geschenk-Sprache. Allerdings ist die Enttäuschung umso größer, wenn das Geschenk nicht so wie erhofft angenommen wird.

4. Hilfsbereitschaft

Gehörst du der Gruppe der hilfsbereiten Liebenden an, so erkennst du sofort, wo Hilfe benötigt wird. Unaufgefordert erledigst du Aufgaben, die deinen Partner entlasten, du bist immer an der Stelle, wenn Rat und Tat gebraucht werden und du verlangst dafür nichts

im Gegenzug. Du zeigst deine Liebe, indem du deinen Partner unterstützt und ihm Arbeit abnimmst. Erkennt dein Partner deine Bemühungen allerdings nicht an oder übersieht gar deine ständigen Anstrengungen, reagierst du mit emotionalem Rückzug.

5. Körperliche Intimität

Menschen, deren Love Language auf körperlicher Zärtlichkeit beruht, verlangen nach vielen Streicheleinheiten, Umarmungen und Küssen. Sprichst du diese Sprache, so ist intensiver und regelmäßiger körperlicher Kontakt in einer Beziehung für dich unumgänglich. Dabei geht es dir eher weniger um Bestätigung durch Worte, sondern alleinig die körperlichen Berührungen und die Nähe. Vom spontanen Händchenhalten beim Spaziergang durch die Stadt bis hin zum innigen Kuscheln während des Fernsehabends, kannst du von Nähe und Zärtlichkeit nie genug bekommen.

Und? Hast du dich oder deinen Partner in einem der Sprachtypen wiedererkannt? Vielleicht bist du auch eine Mischung aus zwei oder mehreren der Typen. Einer davon ist aber sicherlich dominant. Willst du auf Nummer sicher gehen, dann empfehle ich dir, einen Love-Language-Test im Internet zu machen. Lass unbedingt auch deinen Partner diesen Test absolvieren, denn nur, wenn ihr euer beider Liebessprachen kennt, könnt ihr verstehen, worauf eure Konflikte beruhen, was der an-

dere Partner braucht und was auch ihr tatsächlich in einer Beziehung erwartet.

Nicht alle Paare sprechen die gleiche Sprache

Fakt ist, nicht jedes Paar besteht aus zwei Menschen, welche die gleiche Liebessprache sprechen. Keine Sorge, das ist überhaupt kein Grund dafür, die Beziehung zu beenden oder daran zu zweifeln, allerdings ist die Erkenntnis darüber unglaublich hilfreich. Hat ein Part der Beziehung oft das Gefühl, mehr Liebe zu geben als der andere, so liegt das oft lediglich einer anderen Ausdrucksweise der Liebe, nicht einer geringeren Gefühlslage, zu Grunde.

Alberto, mein Partner, und ich, haben, wie wir feststellen mussten, auch unterschiedliche Wege, unsere Liebe auszudrücken. Während Alberto gerne die Sprache der körperlichen Zuneigung spricht, ist mir Anerkennung und Lob unglaublich wichtig. Durch die Erkenntnis können wir uns auch entsprechend verhalten. Ich weiß, eine innige Umarmung von hinten, während er gerade kocht, ist für ihn der größte Liebesbeweis, während er mittlerweile ein Profi darin ist, mir kleine, süße Nachrichten auf dem Küchentisch zu hinterlassen, die mich mit Glück und Freude erfüllen. Oft sind es die kleinen Gesten, die eine Beziehung erfolgreich machen. Weißt du, welche Love Languages du und dein Partner sprechen, so könnt ihr beide darauf eingehen, einander verstehen und Aufmerksamkeiten setzen, sodass sie auch beim jeweils anderen ankommen.

Love Languages lassen sich auf Beziehungen aller Art übertragen.

Ich habe bereits erwähnt, mich nie von meinem Vater geliebt oder wertgeschätzt gefühlt zu haben. In meinen Augen konnte er nie Nähe zulassen. Dank der Love Languages habe ich allerdings herausgefunden, dass er lediglich eine andere Liebessprache spricht, mich aber keineswegs deshalb weniger liebt oder wertschätzt.

Mein Vater spricht die Sprache der Geschenke und der Hilfsbereitschaft. Er arbeitete lange Schichten und Überstunden, um uns Kindern und meiner Mutter ein schönes Leben zu bereiten. Er ermöglichte uns alles. Die tollsten Urlaube, das eindeutig grandioseste Baumhaus im Garten und die durchdachtesten Geschenke. Als Kind oder Jugendliche, sah ich diese Gesten allerdings nicht als Akte der Liebe, sondern beispielsweise als Pflichtgeschenke oder, im Falle des Baumhauses, als Arbeit, die er gerne im Garten verrichtete, an. Für ihn waren diese Zeichen allerdings schon immer Zeichen der Liebe, die ich nur nicht als solche wahrgenommen habe, weswegen wir über die Jahre hinweg immer und immer wieder angeeckt sind.

Dank meiner Allein-Zeit, intensiven Gesprächen und viel Selbst-Reflexion konnten wir dieser Fehlkommunikation auf den Grund gehen, wir konnten die Liebessprache des jeweils anderen verstehen und einordnen und so unsere Beziehung auf einen völlig neuen Stand bringen. Einige Zeit später überreichte mir mein Vater einen Brief. Ich war verwirrt, weder hatte ich Geburts-

tag, noch stand ein anderer Grund für die Übergabe eines Briefes im Raum. »Liebe Carina…«, nach nur wenigen Zeilen flossen mir die Tränen an den Wangen hinunter. Mein Vater hat seine gesamten Gefühle, seine Emotionen und seine Liebe mir gegenüber in diesen Brief gepackt. Ich weiß, wie schwer das für ihn gewesen sein muss, denn er ist kein Mensch der großen Worte, allerdings wusste er, wie viel es mir bedeuten würde. Nachdem ich mit dem Lesen fertig war, schenkte er mir eine innige Umarmung. Plötzlich hat sich eine Blockade in mir gelöst. Jegliche Zweifel, die ich jemals in mir trug, waren wie weggewaschen. Ich wusste, mein Vater liebt mich, auch wenn er eine andere Sprache spricht.

Beziehungsmodell à la Carina und Alberto

Als ich auf einer Themen-Party meiner FH einen süßen Hawaii-Boy erblickte, hätte ich niemals erwarten können, welche Story das Leben für uns beide bereithalten sollte. Ich, als kitschiges Burgfräulein unterwegs, fand den jungen Mann im Hawaii-Shirt auf den ersten Blick ziemlich süß. Unsere Blicke trafen sich bereits einige Male, wir plauderten ein wenig, wer hinter dem drolligen Hawaii-Boy steckte, wusste ich zu diesem Zeitpunkt aber noch nicht. Ein paar Wochen später fand die nächste, ausgefallen absurde Motto-Party der Fachhochschule Wieselburg statt. Unter dem Motto »Müll-Outfits« ging es in selbstgebastelten, skurrilen und durchaus kreativen Outfits auf den Dancefloor. Der Hawaii-Boy Alber-

to, dessen Namen ich mittlerweile kannte, präsentierte sich im Superhelden-Outfit aus Müllsäcken. Rückblickend gesehen ein wahrer Anblick für die Götter. Ich wiederum bastelte mir ein Ballkleid aus Zeitungspapier, auf welches ich damals ziemlich stolz war, denn die Herstellung raubte mir den ein oder anderen Nerv. Drei Wochen später durfte ich Alberto dann auch in seiner Nachtwäsche bewundern, die Pyjama-Party der FH war ein voller Erfolg.

Nach den wilden und durchaus gelungen Partyabenden kannte ich seinen Namen, ich wusste, wir studieren an derselben Uni und ich habe ihn bereits in drei völlig absurden Kostümierungen gesehen. Wie er sich im echten Leben kleidet, wusste ich bis dato nicht. Ich weiß nicht, ob ich mich in ihn verknallte, als ich ihn in seinem Müll-Outfit sah oder in dem Moment, als ich ihn zum ersten Mal am Campus, in seinem Every-Day-Look, mit seiner schrillen, violetten Hose antraf.

Erste Challenges

Unsere frische, junge und auch sehr intensive Liebe wurde ziemlich schnell auf die Probe gestellt. Wir waren gerade erst zwei Monate zusammen und schon ging es für mich wegen meines geplanten Auslandsemesters nach Frankreich. Wir einigten uns darauf, unser Ding zu machen und nach meiner Rückkehr zu Weihnachten zu evaluieren, ob und wie wir weitermachen. Obwohl wir in diesem halben Jahr kaum Kontakt hatten, fuhr

ich schnurstracks zu ihm, als ich kurz vor Weihnachten wieder in Österreich ankam. Ohne mich anzumelden, überraschte ich ihn direkt nach meiner Ankunft, gegen 23 Uhr. Er öffnete, sah mich mit großen Augen an, nahm mich sofort in den Arm und sofort fühlte es sich an, als wäre dieses letzte halbe Jahr nie passiert und als hätten wir uns gestern zuletzt gesehen. Kaum zurück, waren wir wieder ein Paar. Immer und immer wieder begleiteten uns allerdings Challenges, räumliche Trennungen und lange Phasen weit weg voneinander. Wir achteten beide schon damals darauf, uns zu pushen, uns zu ermutigen und uns niemals gegenseitig bei der Erfüllung unserer Träume oder dem Erreichen unserer Ziele im Weg zu stehen. Wir waren noch sehr jung, als wir uns kennenlernten, beide Anfang zwanzig, und wir hatten beide noch sehr viel vor. Also ging ich nach Berlin, er ins Silicon Valley, auch wenn es uns wehtat, uns kurzfristig wieder trennen zu müssen, so hatten wir schon damals genügend Vertrauen in uns selbst und in unsere Beziehung, weshalb wir beide guten Gewissens unsere eigenen Wege gingen.

Niemand sollte jemals das Gefühl haben, etwas verpasst zu haben oder eine Chance aufgrund des Partners, der Eltern oder Freunde nicht wahrgenommen zu haben. Selbsttreue hat auch viel mit dem Umsetzen der eigenen, nicht der Träume anderer zu tun, und dieser Philosophie folgten sowohl Alberto als auch ich schon in den ersten Jahren unserer Beziehung. Willst du ein Auslandssemester machen? Dann tu es bitte unbedingt! Ich

kenne unzählige Menschen, die es bis heute bereuen, nie diese Erfahrung gemacht zu haben, weil sie Angst davor hatten, ihren Partner für ein paar Monate nicht sehen zu können. Heute sind die meisten von ihnen sowieso kein Paar mehr und missen diese einmalige und horizonterweiternde Erfahrung.

Mister…

Wir bestärkten uns schon immer. Eifersucht war selten ein Thema bei uns, denn selbst als ihn hunderte Frauen anhimmelten, habe ich es geschafft, ruhig zu bleiben und ihn sogar bei seinem Vorhaben zu unterstützen. Alberto ergatterte nämlich vor einigen Jahren den Titel *Mister Austria*. Tatsächlich, mein Freund war, und ist in meinen Augen noch immer, der schönste Mann Österreichs. Dieser Titel geht nun mal mit unzähligen Society-Events, Rampenlicht, Medienaufmerksamkeit und vor allem vielen weiblichen Fans einher. Außerdem bedeutet der Titel automatisch, auch für die *Mr. World*-Wahl aufgestellt zu sein, was seinen Erfolg auf eine internationale Ebene verfrachtete. Klar, ich hätte ihn davon abhalten können, hätte Eifersuchtsszenen schieben können, ihn anbetteln können damit aufzuhören, um mich glücklich zu machen. Aber ich bestärkte ihn. Redete ihm gut zu und wollte, dass er diese einmalige Chance auch voll und ganz wahrnimmt. Letzten Endes wurde mein Schatz zum *Mr. World*-Europe gewählt, was mich mit Stolz erfüllte.

Harte Arbeit, offene Kommunikation und Podcasts

Das Vertrauen und die Freiheit, die wir uns damals wie heute schenken, beruhen auf harter Arbeit, intensiven Lernprozessen und dem gemeinsamen Anhören von Podcasts. Wir hörten früher immer wieder beim Autofahren gemeinsam Beziehungs-Podcasts. Das mag vielleicht banal klingen, aber so setzten wir uns regelmäßig mit unserer Beziehung, unseren Wünschen, Erwartungen und Problemen auseinander. Denn auch bei uns lief nicht immer alles einwandfrei und reibungslos.

Auch wir waren einst jung und dumm und hatten mit einigen Ups und Downs zu kämpfen. Am Anfang unserer Beziehung gründete Alberto sein Start-Up. Um sechs Uhr morgens läutete sein Wecker, vor ein Uhr nachts habe ich ihn meistens nicht zu Gesicht bekommen. Er arbeitete ständig, ich entwickelte ein extremes Defizit und habe es anderswo kompensiert. Dadurch entstanden Fehler, auf beiden Seiten. Von betrügen bis hin zu hintergehen und enttäuschen haben wir uns beide Fehltritte jeglicher Art geleistet, die den jeweils anderen sehr verletzten. Trotz vieler Emotionen schafften wir es allerdings immer wieder, bewusst offen über Konflikte, Fehler und Enttäuschungen zu sprechen. Alberto hat eine unfassbare Kraft, ich kenne niemanden, der mental so stark ist wie er. Er ist unglaublich diszipliniert und hat eine Gabe zu vergeben, verzeihen und vergessen. Er kann sich in mich hineinversetzen, versteht Motive und

Beweggründe und ist unglaublich reflektiert. Ich bin vielleicht nicht ganz so stark wie er, aber würde auch von mir behaupten, selbstbewusst zu sein und in den wichtigen Momenten die nötige Kraft aufzuweisen, um auch die besonders unangenehmen Krisen gemeinsam zu überstehen. An jeder Schwierigkeit, vor allem an den »schlechten« Zeiten, wachsen wir. Wir lernen in diesen Momenten das Meiste übereinander und können dieses Wissen für die Zukunft mitnehmen, anwenden und uns so Tag für Tag besser verstehen lernen.

Stichwort: Offen

Freiheit ist mir seit jeher extrem wichtig. Nicht ohne Grund war sie lange Zeit Platz eins, und ist noch immer Platz zwei meiner Core Values. Egal, ob Beruf, Alltag oder Beziehung, Freiheit ist mir in allen Lebensbereichen ein großes Anliegen. Bereits während unserer ersten räumlichen Trennungen, haben wir uns für die Freiheit entschieden. Ich ging nach Berlin, danach war ich in Mexiko, Alberto war eineinhalb Jahre lang in San Francisco. Von vier Jahren Beziehung haben wir etwa zwei miteinander am selben Ort verbracht. Immer dann, wenn wir wussten, wir würden uns für einige Monate nicht sehen, haben wir uns darauf geeinigt, keine klaren Regeln, keine Einschränkungen und keinen Zwang in der Beziehung zu leben. Jeder solle das machen, was er will, soll seinen Spaß haben, dabei aber keine romantischen Gefühle, keine innige emo-

tionale Beziehung mit einer anderen Person aufbauen. Alles andere ist quasi erlaubt.

Wir konnten schon damals emotionale von körperlicher Liebe trennen. Ich wusste außerdem, die tiefe Liebe, die ich zu Alberto verspürte, würde nicht beeinträchtigt werden, wenn ich körperliche Erfahrungen mit einer anderen Person mache, und umgekehrt. Rasch realisierten wir, dass dieses Konzept einwandfrei für uns funktionierte. Wir hinterfragen nicht viel, lassen einander machen, solange wir getrennt sind und vertrauen darauf, dass niemand eine tiefere emotionale Beziehung mit einer fremden Person aufbauen würde, was bis dato auch nicht geschehen ist. Wir waren zu jedem Zeitpunkt ein Paar, haben das auch so mit unserem Umfeld, unseren neuen Bekanntschaften kommuniziert und einander nie betrogen, sondern lediglich unser Leben und unsere Freiheit gelebt. Eifersucht war dabei eigentlich nie ein Thema.

Wenn du weißt, was du an dir selbst hast, wirst du auch nicht eifersüchtig.

Meine Freundinnen waren damals regelrecht entsetzt. Sie konnten nicht verstehen, wie wir ein so offenes Konzept leben konnten, selbst wenn dieses Konzept zu diesem Zeitpunkt nur zum Einsatz kam, wenn wir räumlich getrennt waren. »Aber bist du gar nicht eifersüchtig?«, war eine der häufigsten Fragen, die mir entgegnet wurden. Ich verneinte immer. Ich denke, Eifersucht ist nichts anderes als fehlende Selbstsicherheit.

Bist du innerlich unsicher, vertraust nicht in dich selbst und weißt nicht, was du an dir hast, wirst du eifersüchtig oder tendierst zumindest dazu. Ich weiß, dass ich toll bin. Und wenn du das noch nicht über dich weißt, dir noch nicht eingestehen willst, dann ist es jetzt allerhöchste Zeit! Schon damals vertraute ich in mich, in Alberto, vor allem aber in unsere Beziehung.

Vorerst nur sporadisch ausgeführt, befassten wir uns eines Tages, nach unseren Auslandsaufenthalten, erneut mit dem Konzept der offenen Beziehung. Wir lebten zwar mittlerweile gemeinsam, reisten beide allerdings sehr viel herum und sind sowieso eigentlich immer auf Achse. Wir stellten uns die Frage, warum wir das offene Konzept nur dann ausleben würden, wenn wir mehrere Monate getrennt sind. Eigentlich funktionierte es immer einwandfrei, warum also nicht als Standard festlegen? »Lass es uns probieren!«, war unser Konsens. Wir ließen uns die Option offen, die Entscheidung jederzeit zu revidieren. Fühlt sich eine Person unwohl, so reden wir erneut und einigen uns auf eine Lösung, die für uns beide in Ordnung geht. Wir legten natürlich klare Grundregeln fest, entschieden uns bewusst für ein freies, offenes Konzept und leben dieses nun bereits schon seit vier Jahren.

Eine bewusste Entscheidung füreinander

Ich bin der Meinung, das Konzept der offenen Beziehung beruht darauf, einander Freiraum zu geben, dabei aller-

dings auch jeden Tag aufs Neue zu entscheiden, dass dein Partner derjenige ist, der dir am nächsten ist, mit dem du dein Leben verbringen willst. Alberto und ich entscheiden uns täglich bewusst und freiwillig füreinander, obwohl wir theoretisch auch anderen Menschen sehr nahekommen dürfen. Durch diese Wechselwirkung zwischen Freiheit, Vertrauen und dem bewussten Entscheiden füreinander, entsteht eine völlig neue Bedeutung der Beziehung. Auch wenn unser Umfeld unsere Entscheidung oft nicht versteht, so glaube ich ganz fest daran. Sollte Alberto tatsächlich irgendwann eine Frau finden, die besser zu ihm passt, auch wenn ich hoffe, dass das nie der Fall sein wird, dann muss ich auch das akzeptieren. Natürlich wäre ich unfassbar traurig, aber sollte er sich tatsächlich neu verlieben, würde ich ihm nicht aus egoistischen Gründen im Weg stehen.

Ich bin mit mir selbst zufrieden. Ich weiß, was ich in der Beziehung gebe, was Alberto an mir hat und dass ich immer versuche, die beste Version meiner selbst zu sein. Vermutlich bin ich deshalb auch kein eifersüchtiger Mensch. Eifersucht rührt oft auch daher, in anderen Menschen etwas zu sehen, an dem es einem selbst mangelt. Bist du mit dir selbst unzufrieden, weil du vielleicht nicht so aussiehst wie eine andere Person, weil du denkst, andere Menschen sind lustiger, offener, abenteuerlustiger oder erfolgreicher als du, dann musst du eben diese eine Sache, die diese Zweifel auslöst, ändern, zumindest daran arbeiten. Arbeitest du an dir selbst und löst deine eigenen Konflikte, kommst mit dir ins

Reine und lernst, dir in deinen Entscheidungen selbst treu zu bleiben, wirst du selbstbewusster, zufriedener und in weiterer Folge auch weniger eifersüchtig.

Unkonventionell ist nicht gleich falsch

Erzähle ich von unserem Beziehungsmodell, stoße ich oft auf Unverständnis. Während manche Menschen mit Neugierde und Rückfragen reagieren, sind andere schockiert, verstört oder völlig fassungslos. Sobald du nicht der Norm folgst, wirst du eben von manchen engstirnigen Menschen verurteilt. Das habe ich mittlerweile gelernt und das ist mir auch mittlerweile ziemlich egal.

Eine offene Beziehung bedeutet nicht, ständig mit anderen Menschen intim zu werden, ständig auf der Suche nach neuen Gspusis, One-Night-Stands oder Hook-Ups zu sein. Ich war selbst nie aktiv auf der Suche danach. Nachdem wir uns auf ein offenes Konzept geeinigt haben, habe ich ein Jahr lang keinen anderen Mann in dieser Hinsicht kennengelernt, da ich schlichtweg nicht aktiv danach suche. Ich verzichte auf Dating-Apps, lebe mein Leben wie jeder andere Mensch auch, lasse mir lediglich die Option offen, Erfahrungen zu machen.

Es ist schade. Unser Modell entspricht nicht der gesellschaftlichen Norm, somit können sich viele Menschen auch nicht damit identifizieren. Wir schwimmen gegen den Strom, stoßen auf Unverständnis und

haben mit Vorurteilen zu kämpfen. »Sobald er weg ist, warten eh schon zwei Toyboys auf dich«, »Du liebst ihn doch eh nicht«, »Könnt ihr nicht aufeinander warten?«, sind nur wenige der vielen negativen Anmerkungen, die wir regelmäßig zu hören bekommen. Dabei ist in meinen Augen die klassische Monogamie ein veraltetes Konstrukt. Wir entwickeln uns ständig weiter, in allen Lebenslagen, nur das Beziehungsmodell darf nicht angepasst werden? Alberto und ich lassen uns eben nicht von der Gesellschaft vorschreiben, wie wir unsere Beziehung zu führen haben. Wenn es für uns in Ordnung geht, ein offenes Modell zu leben, dann ist das nicht falsch, sondern auf uns angepasst und richtig. Das sind unsere ganz eigenen Regeln und unsere völlig individuelle Definition einer Beziehung. Wir sind immer ehrlich, zueinander und zu unseren Mitmenschen, schaden niemandem mit unseren Entscheidungen und erfreuen uns einer glücklichen und extrem harmonischen Beziehung. Und das mittlerweile seit zehn Jahren.

Die Schokoladenkuchen-Theorie

Ein offenes Beziehungsmodell ist nichts für jedermann. Außerdem basiert eine offene Beziehung nicht allein auf Vertrauen, sondern kann in meinen Augen nur auf einer gesunden, stabilen und rundum glücklichen Beziehung aufgebaut werden. Ich vergleiche die Beziehung in diesem Fall gerne mit einem Schokola-

denkuchen. Stelle dir dafür einen unglaublich leckeren, fluffigen, saftigen und an sich perfekten Schokokuchen vor. Er scheint so lecker, dass du am liebsten sofort reinbeißen möchtest. Der Kellner bietet dir nun eine Kugel Vanilleeiscreme an, um die Experience noch besser zu machen und eine wahre Geschmacksexplosion hervorzurufen. Du stimmst zu und das Dessert ist ein wahrer Traum. Nun stelle dir einen Kuchen vor, der trocken, geschmacklos und nicht raffiniert zubereitet ist.

Er ist nicht schlecht, aber es fehlt etwas. Die Kugel Vanilleeis, die dir der Kellner nun anbietet, würde das Geschmackserlebnis nicht verbessern. Sie hätte einzig und allein den Zweck, etwas von vorneherein Schlechtes oder Unvollständiges zu überdecken. Vielleicht merkst du während der ersten zwei Bissen nicht, dass dir der Kuchen nicht schmeckt, früher oder später musst du aber feststellen, dass das Eis leidlich die Fehlerhaftigkeit des Kuchens versteckt.

Ähnlich wie das Vanilleeis, kann auch ein offener Zusatz in einer Beziehung nur dann funktionieren, wenn das Grundgerüst stabil ist. Neue Regeln oder ein offener Umgang miteinander, können erst dann etabliert werden, wenn die Beziehung funktioniert, und dürfen niemals, wie das Vanilleeis bei dem schlechten Kuchen, als Kompensation angesehen werden.

Tabu-Thema

Ich spreche gerne mit Menschen über mein unkonventionelles Beziehungsmodell. Ich bin der Meinung, wir müssen sogar darüber sprechen, um es zu normalisieren und mit Vorurteilen aufzuräumen. Trotzdem habe ich das Gefühl, Themen wie Beziehung, Offenheit, Sexualität und individuelle Liebe sind nach wie vor tabu. Gerade als Person des öffentlichen Lebens, als Influencerin, ist es besonders heikel, ein angemessenes Maß an Transparenz, Ehrlichkeit sowie Privatsphäre zu finden. Einerseits möchte ich mit meinen Followern so viel wie möglich aus meinem Leben teilen, ich möchte ihnen zeigen, wie ich meine Beziehung lebe, warum eine offene Beziehung genauso gut, wenn nicht sogar besser, als eine monogame Beziehung funktionieren kann und ihnen auch gerne Fragen dazu beantworten. Auf der anderen Seite will ich mich nicht immer rechtfertigen müssen, habe vielleicht sogar Angst vor den Reaktionen. Doch wenn niemand offen darüber spricht, kann eine Änderung des Mindsets der Gesellschaft dann überhaupt in die Wege geleitet werden?

Alberto und ich leben seit zehn Jahren eine wunderschöne Beziehung. Mit allen Ups und Downs, mit allen Emotionen, die du dir vorstellen kannst. Noch nie sind wir laut oder ausfällig geworden, haben einander Teller oder Vasen hinterhergeworfen oder uns respektlos gegenüber einander verhalten. Wir haben Meinungsverschiedenheiten, wie jedes andere Paar auch, aber wir

haben einen unglaublichen Respekt füreinander. Wache ich in der Früh neben ihm auf, schlafe ich am Abend neben ihm ein, dann bin ich der glücklichste Mensch der Welt. Ich bin unfassbar dankbar für die leidenschaftliche, innige und tiefgründige Liebesbeziehung, die wir uns gemeinsam erarbeitet und aufgebaut haben. Egal, was die anderen sagen.

Beziehungen sind unglaublich komplex. Sich selbst darin treu zu bleiben ist oft schwer, allerdings ist es unglaublich wichtig, ansonsten verlierst du dich irgendwann. Um in Zukunft erfolgreiche Beziehungen zu führen, lohnt es sich, deine Love Language herauszufinden. Außerdem musst du an deinem Konfliktmanagement arbeiten. Auch ich arbeite noch immer daran, obwohl ich der Meinung bin, schon ziemlich gut darin zu sein, offene Gespräche zu führen und unangenehme Themen anzusprechen. Lasse dir niemals von anderen Menschen erklären, wie du deine Beziehung zu führen hast. Willst du mit deinem Partner ein neues Modell ausprobieren, wollt ihr euch Freiheiten schenken oder gemeinsam neue Erfahrungen sammeln und herumexperimentieren, dann lasst euch niemals davon abbringen. Ihr seid für euer Glück verantwortlich, egal ob ihr dabei auf Unverständnis stoßt. Vergiss außerdem nicht, Groll, negative Emotionen und veraltete Konflikte aufzulösen. Vergeben ist befreiend und beweist Reife, allerdings gilt es auch, irgendwann loslassen zu können. Erst, wenn du mit dir und deinen inneren Unruhen im Reinen bist, kannst du dich auf

eine bedeutungsvolle Beziehung einlassen. Erst, wenn du dich selbst akzeptierst und auch Zeit mit dir alleine verbringen kannst, bist du bereit, einen Menschen an dich heranzulassen.

Die Beziehung zu dir selbst ist die wichtigste.

Für Beziehungen gibt es kein Handbuch. Jeder Mensch ist anders, so auch jede Beziehung. Allerdings ist die Beziehung zu dir selbst die wichtigste Beziehung deines Lebens, denn sie reicht bis zu deinem Lebensende. Fange also mit ihr an. Komme mit dir selbst ins Reine und versuche dir immer, in jeder Lebenslage, selbst treu zu bleiben. Du wirst merken, die Beziehungen zu deiner Familie, deinen Freunden und deinem Partner werden massiv davon profitieren.

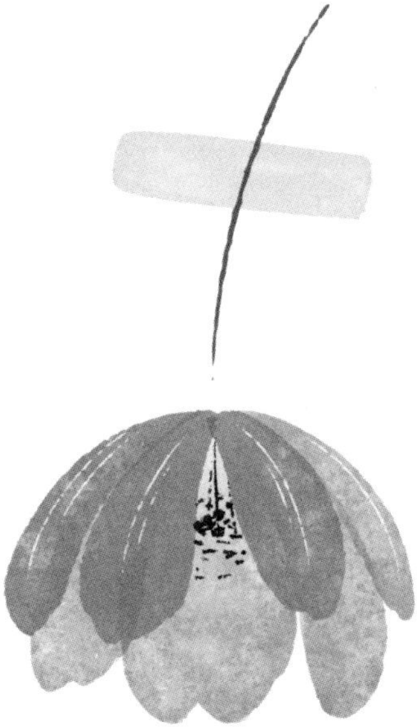

VERMEINTLICHE NIEDERLAGEN

Fehler, Niederlage oder Scheitern sind Wörter, die ich eigentlich nicht gerne nutze. Denn all die »Fehltritte« oder »falschen Entscheidungen«, die ich mir bis jetzt in meinem Leben geleistet habe, sind in meinen Augen keine Niederlagen, sondern Chancen.

Wie du weißt, bin ich eine Macherin. Ich probiere, experimentiere und gehe Risiken ein. Von den vielen Projekten, die ich bis jetzt umgesetzt habe, hat nicht jedes Früchte getragen. Nicht jedes Projekt, jeder Deal und jede Idee erwiesen sich als erfolgreich, nicht jedes Vorhaben funktionierte, allerdings hat mich jedes einzelne davon etwas gelehrt. Mein Ziel ist es, dir dabei zu helfen, dir selbst treu zu bleiben, deinen Weg zu gehen und deine eigenen Regeln für dein Leben aufzustellen. Das kann nur funktionieren, wenn du Herausforderungen annimmst, Abenteuer wagst und dich selbst findest, auch wenn du dabei das ein oder andere Mal auf die Schnauze fallen wirst. Vermeintliche Niederlagen, wie ich sie gerne nenne, sind ein wahrer Brunnen der Selbsterkenntnis. Wagst du es nie, deine Träume zu verfolgen, wirst du dich immer fragen: »Was wäre, wenn?«. Versuchst du dein Glück und wagst den Absprung, riskierst du zwar eine vermeintliche Niederlage, die Erkenntnis, die Lehren und die Stärke, die du daraus schöpfen kannst, sind aber mindestens genauso wertvoll wie der Erfolg.

EIN GROSSER TRAUM

Als erfolgreiche Food-Bloggerin und Ernährungs-Enthusiastin hatte ich immer diesen einen Traum. Den Traum meines eigenen Restaurants. Denn in meinen Augen war die eigene Gastronomie-Stätte das höchste zu erreichende Ziel. Auch wenn ich dieses Ziel nicht sofort in Angriff nahm, auch keinen konkreten Zeitplan dafür hatte, so schwirrte die Idee doch über mehrere Jahre hinweg, ständig, in meinem Kopf herum. Wie es im Leben so läuft, lernte ich vor zwei Jahren zufällig Hank, einen erfolgreichen Gastronomen und Unternehmer, der genauso wie ich für gesunde, bunte und kreative Ernährung steht, in Bali kennen. Wir verstanden uns auf Anhieb, waren auf einer Wellenlänge und haben bereits einige Kooperationen, Videos und Kocheinheiten gemeinsam vorgenommen.

»Ich wollte ja eigentlich schon immer ein Restaurant eröffnen«, entgegnete ich ihm während eines unserer Treffen auf Bali. Er sah mich mit einem ernsten Blick an, den ich sonst nur selten bei ihm gesehen habe. »Lass uns gemeinsam etwas aufbauen, Carina«, war seine Antwort. Er hatte in Wien bereits verschiedene erfolgreiche Gastronomie-Konzepte aufgebaut und wollte mich bei seinem neuesten Projekt unbedingt dabeihaben, mit mir gemeinsam tatsächlich ein Restaurant eröffnen. Er schien begeistert von meinen Gerichten, meinem Zugang zu Ernährung und meiner Kreativität in der Küche zu sein. Ich bewunderte ihn

für seinen Unternehmersinn, seine Ausstrahlung und seinen Drive. Trotzdem zögerte ich. Die Idee war zwar gut, allerdings wirkte das Projekt noch etwas unsicher und außerdem klang es nach sehr viel harter Arbeit, die sich nicht zwingend lohnen würde. Doch Hank blieb hartnäckig.

Startschuss

Einige intensive Calls, viele Diskussionen und Konzept-Besprechungen später, willigte ich ein. Wir legten fest, wie die Arbeitsaufteilung aussehen wird, mir war wichtig, nach Eröffnung nicht operativ eingebunden zu sein und so schafften wir Strukturen, die für uns beide tragbar waren. Ende April war ich aus Bali zurück und von Mai bis Juli arbeiteten wir intensiv an dem Aufbau und der Eröffnung unseres Babys. Wir dekorierten das Lokal selbst, hingen Boho-Schmuck an den Decken und Wänden auf und achteten auf jedes kleinste Detail. Ich konzipierte die Speisekarte, habe jedes Rezept, jedes Gericht selbst gekocht, ausprobiert und zusammengestellt. Ich schrieb Einschulungspläne, filmte Videos ab und achtete besonders penibel darauf, dass jedes meiner Gerichte auch so aussah, wie ich es mir vorstellte, egal, wer es dann tatsächlich kocht. Denn der visuelle Aspekt meiner Gerichte lag mir schon immer sehr am Herzen und ist auch Teil meiner *Brand*.

Ende Juli 2021 war es dann auch schon so weit und wir öffneten unsere Türen für die breite Masse. Ich war

selten so aufgeregt und gespannt. Immerhin war es eines der größten Projekte meines Lebens. Alles war neu, ich hatte so viele Möglichkeiten und die absolute Gestaltungsfreiheit. Es war MEIN Restaurant. Ich durfte entscheiden, was auf dem Menü steht, wie das Essen zu schmecken und auszusehen hat. Auch die erste Reaktion meiner Eltern bestärkte mich. Als sie ein paar Tage vor der großen Eröffnung zu einem kleinen Pre-Opening, quasi einem Probe-Durchlauf, nach Wien kamen, um sich ein Bild von meinem neuesten Projekt zu machen, waren sie sprachlos. Sie betraten das Restaurant, ihre Augen leuchteten und ich wusste, sie waren unfassbar stolz auf mich. Ihre Tochter hat tatsächlich ein Restaurant, etwas Eigenes, wo sie jederzeit essen gehen können, um die eigens konzipierten Gerichte ihres Quälgeists zu genießen. Ihr Stolz erfüllte mich mit noch mehr Stolz und ich blickte der Zukunft positiv entgegen.

Die große Eröffnung war ein voller Erfolg. Die Gerichte kamen gut an, die Gäste waren begeistert und wir waren rappelvoll. Ich habe es tatsächlich geschafft, Experience-Food zu gestalten. Jedes Gericht verlangte nach einem Mitwirken des Essers. Du musstest hacken, spritzen, hochheben oder zusammenbauen, so entstand eine Erinnerung, die die Menschen, neben einem vollen Bauch, mitnehmen konnten und so schnell auch nicht vergessen würden. Das Feedback, das Restaurant, das Essen - alles war perfekt.

Reality-Check

Um ehrlich zu sein, hatte ich keine Ahnung, worauf ich mich einließ. Wie so oft, ist die Theorie viel heiterer und beschwerdefreier als die Praxis und gerade, wenn du dir ein Business in einer Branche aufbaust, in der du noch keine Erfahrungen gesammelt hast, holt dich irgendwann die Realität ein. Schnell wurde ersichtlich, dass meine Rezepte zu kompliziert waren und zu viel Zeit in Anspruch nahmen. All meine Signature-Touches, meine Gurkenspiralen und die ausgeschnittenen Buchstaben aus Mango waren schlichtweg logistisch nicht umsetzbar und mussten aus den Rezepten verbannt werden. Wir hatten immer Full-House, unser Lokal war ziemlich überschaubar, doch auf der Straße tummelten sich die Menschen, standen Schlange und warteten auf ihre Bali-Experience. Ich musste handeln, denn ewige Wartezeiten waren keinesfalls Teil meines Konzepts.

Irgendwann wurde uns klar, dass mein Konzept und meine Gerichte nicht zu der Location passten, die wir wählten. Während das Lokal wie eine Art Bistro aufgebaut war, vor allem Laufkundschaft anlocken sollte und aufgrund der kleinen Größe zu To-Go-Betrieb animierte, so waren meine Gerichte eher auf ein Dining-Restaurant, oder eine Location mit erhöhter Sitzplatz-Kapazität ausgerichtet. Die Gerichte waren außerdem so bunt, schön und optisch ansprechend, dass kaum jemand von der Take-Away-Option Gebrauch machen

wollte, was wiederum auch den Umsatz deutlich reduzierte. Immerhin handelte es sich bei den Gerichten um Experiences, um ästhetische Meisterwerke, die von den Kunden gerne fotografiert und gepostet wurden, allerdings idealerweise direkt vor Ort, frisch nach dem Servieren.

Learning by doing

Wir konnten unsere Fehler ziemlich schnell identifizieren. Wir versuchten Feedback anzunehmen, unsere eigenen Beobachtungen einzubringen und so schnell wie möglich zu handeln. Der Lerneffekt in den ersten Wochen war immens. Denn egal, wie sehr ich mich eingelesen hätte, egal, mit wie vielen Experten ich gesprochen hätte, manche Erkenntnisse konnten wir erst durch das tatsächliche Ausprobieren erlangen.

Wir modellierten die Speisekarte um, entfernten Gerichte, die zu komplex waren und integrierten einfachere, schneller zu kochende Speisen, die dem System und der Location gerecht wurden. Im September waren wir mit unseren Kräften und unserem Latein am Ende. Trotz Anpassung der Speisekarte kamen unsere Mitarbeiter weder mit den Bestellungen noch mit dem Zubereiten der Speisen oder dem Abwaschen nach. Kunden warteten teilweise über eine Stunde auf ihr Essen und in meinen Augen lief der Laden nicht rund. Dringender Handlungsbedarf bestand.

Die Rechnung bitte

Hank ist glücklicherweise, ähnlich wie ich, ein Mensch, der auch schnell die Reißleine zieht. Egal, wie sehr ich für ein Projekt brenne, wie viel Leidenschaft und Herzblut ich hineinstecke, ich versuche, mich emotional nicht zu sehr daran zu binden, besonders, wenn ich merke, dass es nicht funktioniert. Ich beharre und bestehe nicht auf einer Idee, nur weil sie meine war oder weil ich der Meinung bin, ich muss mir und meinen Mitmenschen etwas beweisen. Klappt eine Herausforderung nicht oder läuft sie nicht nach Plan, darf auch ruhig mal auf die Bremse gedrückt werden. Immerhin mussten wir auch wirtschaftlich denken.

Jammern bringt nichts. Du musst handeln. Wir haben das Restaurant vorübergehend geschlossen, ein völlig neues Konzept ausgearbeitet und nach zwei Wochen wiedereröffnet. Diesmal mit Acai-Bowls, Hot Porridge und Toppings. Ein simples Konzept, mit beschaulicher Auswahl und einem gesunden Frühstückskonzept.

Mitte November, nur wenige Wochen nach unserer Neueröffnung, der nächste Stolperstein: Lockdown. Wir entschlossen uns, erneut zu schließen, immerhin war die Neubaugasse, eine bekannte Wiener Einkaufsstraße, während des Lockdowns menschenleer. Nach Ende der Lockdown-Phase, im Jänner 2022, entschlossen wir uns dann dazu, nicht erneut zu eröffnen. Es lief nicht so, wie wir es uns vorstellten. Außerdem hat-

ten wir beide kaum Zeit, vor Ort zu sein, was dem Betrieb vielleicht geholfen hätte.

Von einem Herzensprojekt loszulassen beweist Stärke.

Können meine Core Values nicht erfüllt werden, so muss ich handeln. Ich war weder glücklich mit der Situation des Restaurants, noch konnte ich so richtig frei sein, denn eigentlich hätte unser Lokal nach unserer Nähe verlangt. Ohne lange zu diskutieren, gaben wir den Pachtvertrag für unser kleines Lokal wieder her und machten unser Restaurant endgültig zu.

Ich sehe diese Erfahrung mittlerweile als wunderbare Learning-Experience. Ich habe mein eigenes Restaurant eröffnet, eine gesamte Speisekarte konzipiert, eine tolle Eröffnung auf die Beine gestellt und das Business auch noch erfolgreich auf den sozialen Medien beworben. Wir haben uns durch unsere Eröffnung einer fabelhaften Publicity erfreut und ich habe wahnsinnig viel gelernt. Außerdem weiß ich jetzt, was ich nicht will. Ich werde kein weiteres Restaurant aufmachen. Ich habe gelernt, dass die Gastronomie ein hartes Business ist, dass es unfassbar stressig ist und ich mich in dieser Branche nicht wohl fühle. Ich habe probiert, adaptiert, und gelernt. Meinen Traum habe ich mir erfüllt, denn ich habe es geschafft und den Schritt gewagt. Dass es nicht geklappt hat, sehe ich nicht als Niederlage oder als Scheitern an, sondern als weitere Lektion.

MEINE PHILOSOPHIE DES SCHEITERNS

Mein Restaurant war weder das erste noch das letzte »gescheiterte« Projekt, dem ich mich zugewandt habe. Bereits des Öfteren musste ich meine Ideen, meine Visionen und meine bereits in Angriff genommenen Vorhaben beenden, mir deren Misserfolg eingestehen. Oft habe ich das Gefühl, die meisten Menschen seien der Meinung, bei allen anderen rennt alles wie am Schnürchen. Allein bei ihnen klappt es nicht. »Ah, die hat so ein Glück, bei der kommt immer alles so einfach«, ist der Grundtenor vieler. Allerdings sehen diese Menschen nicht jede gescheiterte Idee, nicht jede Niederlage, sondern nur die großen Erfolge. An meinem Online-Kochkurs, den ich 2020 ins Leben gerufen und für welchen ich stundenlang produziert, gefilmt und gearbeitet habe, erinnert sich heute kaum jemand. Ich war mir sicher, dieser Kochkurs wird der Hit, ich als Food-Bloggerin werde damit durch die Decke gehen. Im Endeffekt haben ihn vierzig Menschen gekauft. Ein monströser Flop, der mich damals sehr enttäuschte, da ich wirklich an seinen Erfolg geglaubt hatte. Ich könnte noch unzählige solcher Stories erzählen, worauf ich hinauswill ist, dass jeder mit Misserfolgen zu kämpfen hat, egal welche Erfolge sie vielleicht auf Social-Media teilen oder verzeichnen.

Mache niemals ein Geheimnis aus deinen Misserfolgen.

Früher war ich immer der Meinung, ein großes Geheimnis aus meinen Plänen machen zu müssen, sie erst zu teilen, wenn sie funktioniert haben. Heute nehme ich meine Follower so früh wie möglich auf die Reise mit, egal, wie diese ausgeht. Jedes Projekt zeigt mir, wie ich in Zukunft besser werden kann. Jeder Verlust, jede Niederlage stellt eine Chance dar. Launche ich jetzt ein Produkt, so weiß ich bereits aus vergangenen Versuchen, wie ich vorzugehen habe. Und genau das will ich auch meinen Followern, dir und allen Menschen da draußen mitgeben.

Natürlich darfst du enttäuscht sein, wenn dein Projekt, in das du viel Zeit, Herzblut, vielleicht sogar Geld und Ressourcen gesteckt hast, nicht so klappt, wie du es dir vorgestellt hast. Vielleicht empfindest du Wut, Trauer, denkst, du bist ein Versager und bereust deine Entscheidung. Allerdings musst du beide Seiten der Münze sehen. Vielleicht bewahrt dich die frühe Erkenntnis vor einem noch viel größerem finanziellen Verlust. Vielleicht merkst du auch, dass dir lediglich etwas Know-How und Erfahrung fehlt und du dein Projekt in die Zukunft vertagen solltest. Vielleicht lernst du aber auch, dass deine Ziele zu ambitioniert waren oder du doch lieber etwas anderes wagen möchtest.

Du darfst Fehler machen, solange du etwas daraus mitnimmst.

Ärgerst du dich lediglich über eine Niederlage, nimmst keine Erkenntnis daraus mit und staust nebenbei auch

noch einen innerlichen Groll an, ist dein Scheitern tatsächlich sinnlos. Analysierst du allerdings deine Fehler und Entscheidungen, verschließt nicht die Augen davor, so kannst du dein Scheitern als unglaublich bedeutenden Lernprozess ansehen. Ich versuche schon seit jeher, aus jeder negativen Erfahrung, aus jeder vermeintlichen Niederlage das Positive zu ziehen. »Wofür war diese Niederlage gut?«, »Was will mir das Leben damit sagen?«, »Was kann ich in Zukunft anders machen?«, sind Fragen, die mir dabei helfen.

Du kannst die Vergangenheit nicht ändern, aber du kannst deine Zukunft jeden Tag aufs Neue beeinflussen.

Selbst aus dem Motorradunfall, der auf den ersten Blick nur wenig Positives mit sich brachte, konnte ich extrem wichtige, lebensverändernde Schlüsse ziehen. Egal, ob meine Erfahrung als Restaurantleiterin, mein schreckliches Praktikum in der Berliner PR-Agentur oder die chaotische Zeit als Au-Pair in Spanien, all diese Erfahrungen haben mir erlaubt, mich weiterzuentwickeln, stärker zu werden und mir selbst treu zu bleiben. Sie haben mich außerdem gelehrt, dass es sich niemals lohnt, den Kopf zu schnell in den Sand zu stecken. Auch wenn die Reha beispielsweise unglaublich anstrengend war, ich jeden Tag am liebsten nur im Bett liegen geblieben wäre und mich nicht bewegen wollte, so bin ich immer und immer wieder aufgestanden. Ich wusste, es würde sich irgendwann lohnen. Auch meine Zeit in Spanien

konnte ich nicht so auf mir sitzen lassen, weshalb ich den erneuten Anlauf selbst in die Hand nahm und dadurch eine der schönsten Erfahrungen meines Lebens sammeln durfte. Es liegt an dir, wie du mit Niederlagen und Stolpersteinen umgehst. Stehst du vor einer Wand, kommst nicht weiter und treibst dich in den Ruin, so musst du die Reißleine ziehen, oft lohnt es sich aber auch zu kämpfen.

Teile deine Probleme.

Du bist nie völlig allein. Auch wenn du stark wirken willst, so ist es unglaublich wichtig, deine Probleme, Sorgen und Ängste mit deinen engsten Vertrauten zu teilen. Außerdem ist das »aufs Papier bringen«, ähnlich wie bei deinen Wünschen und Zielen, auch bei deinen Sorgen, Problemen und vermeintlichen Niederlagen sehr ratsam. Sobald du deine Gedanken äußerst, sie mit jemanden teilst oder sie schriftlich festhältst, entlastest du dein Gehirn. Probleme, die in deinen eigenen Gedankengängen unbezwingbar scheinen, erweisen sich plötzlich als bewältigbar, als weniger gravierend, sobald du sie ausgesprochen und geteilt hast. Sprichst du über deine Probleme, so entlastest du nicht nur deinen Geist, du kannst dir außerdem Input, Trost und Zuneigung holen. Freunde und Familie sind dein Support System, können und sollen dich sogar unterstützen, allerdings darfst du dich nicht immer allein auf sie verlassen, denn letzten Endes musst du, du al-

lein, stark genug sein, um die Schwierigkeiten des Lebens zu meistern.

Trauer und Enttäuschung zuzulassen ist unglaublich wichtig. Das Eingestehen und Äußern potentieller Niederlagen ist außerdem Teil des Reflektionsprozesses und völlig gerechtfertigt. Das Wichtigste dabei ist, dich nicht darin zu verlieren. Nach jeder Trennung darfst du dich mit dem Eiscremebecher vor den Fernseher verfrachten. Nach jeder Jobabsage, jedem vermeintlichen Scheitern oder jeder negativen Nachricht, darfst du dir die Zeit nehmen, die du brauchst, um die Situation zu bewältigen und deine Gefühle neu zu ordnen. Nach mehreren Tagen, sogar Wochen, ist es aber allerhöchste Zeit, wieder aus dem Loch herauszuwachsen, dich aufzuraffen, wieder auf die Beine zu kommen und kritisch zu hinterfragen, wie diese Enttäuschung zu Stande gekommen ist und wie sie in Zukunft vermieden werden kann. Versuche, dir im Anschluss, langsam ein neues Ziel zu setzen. Eine neue Herausforderung lenkt deinen Fokus auf etwas Produktives, auf etwas Positives und lässt dich die Enttäuschung der vorherigen Niederlage besser verarbeiten. Außerdem kannst du dein neu erlangtes Wissen, deine neue Stärke nun einsetzen und du kannst mit neuem Elan an dein nächstes Vorhaben herangehen.

ERFOLG

Ähnlich wie wir lernen müssen, mit dem Scheitern umzugehen, so sei auch der Umgang mit Erfolg gelernt. Vor allem, wenn wir uns selbst treu bleiben möchten. Erfolg kommt oft unerwartet, manchmal arbeitest du lange auf etwas hin, manchmal kommt der Blitzerfolg. Vielleicht bringt dir auch dein neu erlerntes Wissen über dich selbst, deine Selbsttreue oder dein souveräner Umgang mit Niederlagen unerwarteten und verdienten Erfolg. Während ich meinen Instagram-Kanal jahrelang aufgebaut habe, dem Erfolg dabei zusehen konnte, wie er stetig wuchs und ich mich einigermaßen darauf einstellen konnte, so durfte ich dank TikTok einen wahren Blitz-Erfolg erleben. Unerwartet, schnell und mit großen Konsequenzen.

25 MILLIONEN ÜBER NACHT

Seit 2016 arbeitete ich stetig an meinem Instagram-Account. Aus einer Passion heraus begonnen, entwickelte sich mein Erfolg kontinuierlich weiter, bis ich Vollzeit-Instagrammerin und Österreichs erfolgreichste Fitness-Food-Bloggerin wurde, was mich mit viel Stolz erfüllte. Ende 2019 zeichnete sich eine neue Trend-App in der Social-Media-Welt ab. TikTok eroberte die Jugend und als mir ein Freund damals davon erzählte und ich mich informierte, habe auch ich das Potential der ehemaligen Musically-App sofort erkannt und wollte meinen Content nun auch hier teilen. Ich bin generell im-

mer interessiert an neuen Plattformen, Innovationen und Entwicklungen und weiß, wie wichtig es ist, immer am Ball zu bleiben und mit dem Zeitgeist zu gehen. Vor allem in meiner Branche.

Ich setzte mich also an die Arbeit und legte meinen TikTok-Account an. Und schon war ich mittendrin. Ich postete, filmte und schnitt, was das Zeug hielt. Ich lud jeden Tag ein neues Video hoch, in der Hoffnung, viele Menschen zu erreichen. Allerdings floppte jedes einzelne meiner Videos, ich hatte kaum Views, das meistgeklickte Video wies gerade mal 700 Aufrufe vor. Da ich mittlerweile gelernt hatte, nicht sofort den Kopf in den Sand zu stecken und mich von vermeintlichen Niederlagen nicht unterkriegen zu lassen, machte ich weiter. Neben Food- und Kochvideos folgte ich auch den neuesten Trends, veröffentlichte Tanzvideos, Reisecontent und Videos meiner neuen Heimat Bali. Wenige hunderte Follower schienen sich für meinen Content auf TikTok zu interessieren, insgeheim hatte ich die Hoffnung bereits bis zu einem gewissen Grad verloren, trotzdem versuchte ich weiterhin mein Glück und postete eines Tages ein kurzes Bali-Video, welches alles verändern sollte.

Palmen, Pool und Kaffee

An besagtem Tag postete ich ein ziemlich simples Video. Ein One-Take, in dem ich aus meinem Bett aufstehe, meine Hand zu einer Tasse Kaffee greift, ich dann

aus dem Apartment hinaus gehe und den Ausblick zeige, klassisch Bali, mit kristallklarem Pool und imposanten Palmen. Nicht weiter darüber nachgedacht, legte ich für den Rest des Tages mein Handy beiseite, kümmerte mich um meine anstehenden Projekte und ging abends, ohne meinen TikTok-Account erneut zu beobachten, schlafen. Am nächsten Morgen dann pure Verblüffung. Erst dachte ich, ich träume. »Das kann doch nicht sein!«, schrie ich fast vor Aufregung, als ich zu meinem Smartphone griff. Binnen 24 Stunden haben sich meine Follower-Zahlen von wenigen hunderten auf satte 250.000 erhöht. Das Video selbst hatte um die 25 Millionen Views und ich verstand die Welt nicht mehr. Fragen über Fragen schossen mir plötzlich durch den Kopf. Wie konnte das passieren? Was war an diesem Video, verglichen zu meinen anderen unzähligen Versuchen, so besonders? Und vor allem, wie gehe ich jetzt mit dieser neu erlangten Audience, mit dieser Aufmerksamkeit, um?

Ungewissheit, Unsicherheit und Druck

Über Nacht folgten mir nun also eine viertel Millionen Menschen. Wenige Tage später waren es bereits 300.000 und ich verspürte plötzlich einen mir unbekannten, unangenehmen Druck. Mein nächstes Video müsse all diese fremden Menschen, die sich plötzlich für meinen Content zu interessieren schienen, begeistern. Tagelang sträubte ich mich, ein neues Video zu posten. Ich hatte Angst, wollte meine neuen Follower nicht enttäuschen,

sie nicht verlieren und wusste nicht, was sie von mir erwarteten.

Neben Ungewissheit, Unsicherheit und enormem Druck, verspürte ich außerdem eine Art der Erstauntheit. Immerhin arbeitete ich jahrelang an dem Aufbau eines Followings auf meinem Instagram-Profil, mit TikTok hatte ich plötzlich enormen Erfolg über Nacht, den ich mir nicht erklären konnte. Auch wenn ich unter enormem Druck stand, so war ich gleichzeitig auch völlig aus dem Häuschen, ich war positiv überrascht und freute mich über den Zuspruch, die vielen Klicks und jeden einzelnen Follower.

Nach langem Überlegen postete ich einige Tage später das nächste Video. Ein totaler Flop. Nicht einmal 10.000 Views konnte ich nach meinem Rekord-Video erreichen. Erst dann realisierte ich, TikTok ist harte Arbeit. Jeder kann es schaffen, ein virales Video zu posten, die Krux liegt darin, kontinuierlich Viralität zu erzeugen, Leute immer wieder aufs Neue zu engagen und so oft wie möglich auf der »For-you-page« zu landen. Einige Wochen später fand ich meine Linie, ich habe die App besser verstehen gelernt und herausgefunden, welchen Content ich auf dieser Plattform mit meinen Followern teilen möchte.

Rasanter Aufstieg

Das Wachstum war nicht mehr aufzuhalten. Anfang 2020 folgte ein virales Video nach dem anderen, als Corona dann auch noch die gesamte Welt lahmlegte und Men-

schen nach Hause, vor die Bildschirme verbannte, war der Höhepunkt erreicht. Es gab noch nicht annähernd so viele TikToker wie heute, Corona brachte plötzlich unzählige neue User mit sich und ich bin tatsächlich jeden Monat um einhunderttausend Follower gewachsen. Dimensionen, die mir bis dato völlig neu waren. Alle paar Wochen konnte ich einen neuen Meilenstein vermerken und eine neue Marke knacken. Erst 400 Tausend, dann 500, bis hin zur 900 Tausender Marke. Alles ging so unglaublich schnell und ich befand mich in einem Rausch, einem Hype, einem Traum. Plötzlich sprachen mich Menschen auf der Straße an, wollten ein Foto von und mit mir machen und mir wurde bewusst, dass hinter jedem Follower ein echter Mensch steckt, der mich kennt, mich verfolgt und meine Videos feiert.

Als ich die Millionen-Follower-Marke erreichte, konnte ich es kaum fassen. Auch wenn Follower nur Zahlen sind, so verbirgt sich hinter ihnen eben doch ein Mensch. Und eine Million davon fühlen sich durch meinen Content abgeholt und unterhalten.

Kein Grund abzuheben

Dieser blitzartige Erfolg hinterließ natürlich seine Spuren. Niemand ist darauf vorbereitet, vor allem damals, als kaum jemand in Österreich wusste, was TikTok ist, wie diese Plattform funktioniert und wie schnell hier unzählige Menschen erreicht werden können. Trotz des schnellen Wachstums und der großen Nachfrage habe

ich es nicht zugelassen abzuheben. Ich dachte niemals, ich sei etwas Besseres. Ich glaube sogar, der Erfolg hat das Gegenteil in mir ausgelöst.

Erst als ich ganz oben war, habe ich bemerkt, dass wir alle gleich sind.

Ehrlicherweise habe ich früher zu den ganz großen Influencern und Bloggern aufgeschaut. Ich dachte, sie haben es geschafft, stellte sie regelrecht auf ein Podest und sah die, die Millionen von Followern hatten, als Übermenschen an. Immerhin müssen sie etwas ganz Besonderes sein, wenn ihnen so viele Menschen folgen. Erst als ich selbst die Millionen-Marke erreicht hatte, wurde mir bewusst, dass ich noch immer die gleiche Carina wie zuvor war. Ich habe mich nicht geändert, ich bin kein besserer oder schlechterer Mensch geworden und ich habe realisiert, dass auch die »Übermenschen«, die ich damals vergötterte, ganz normale Menschen, wie du und ich, sind.

Heutzutage begegne ich den Überfliegern auf einer völlig anderen Ebene, denn ich habe am eigenen Leib erfahren, dass Erfolg nicht zwingend deinen Charakter ändern muss. Follower, Geld oder Reichweite machen dich nicht als Menschen aus und definieren dich auch nicht, außerdem machen sie dich keinesfalls zu etwas Besserem. Leider ist die Social-Media-Welt eine sehr oberflächliche. Menschen, die ein paar Hunderttausende Follower erreichen, eignen sich Star-Allüren an und verhalten sich oft sehr unangenehm. Umso wichtiger

ist es daher zu wissen, wie mit Erfolg richtig umgegangen wird, egal ob dieser in den sozialen Medien, in der Arbeitswelt, oder auf der Universität stattfindet.

ERFOLG IST INDIVIDUELL

Erfolg muss jeder für sich selbst definieren. Während für den einen akademische Erfolge das höchste Ziel sind, definiert ein anderer Erfolg über sein Hobby, seine Partnerschaft oder über berufliche Ziele.

Für mich bedeutet Erfolg, mein Leben so zu gestalten, wie ich will.

Für mich zeichnet sich Erfolg ganz klar in meiner Lebensgestaltung ab. Habe ich die Macht, das Privileg, meine eigenen Regeln für mein Leben aufzustellen, drei völlig verschiedene Länder als meine Heimat zu bezeichnen, zu reisen, so zu leben, wie ich es mir vorstelle, dann habe ich für mich die höchste Form des Erfolgs erreicht. Ich möchte mir mit Hilfe meiner Erfolge das Leben so gestalten, wie ich es mir erträume, ist das möglich, werden mein Erfolg und dessen Früchte, wiederum für mich bestätigt. Für andere Menschen, hier kommen auch wieder die Core Values ins Spiel, definiert sich Erfolg, über das erste Eigenheim, die gesunde Familie, das erste Kind, den Aufstieg in einem Konzern oder die Traum-Ausbildung. Je nach Lebenslage, Alter, Reife, aber auch Grundwerten, können diese Definitio-

nen weit auseinanderreichen, was allerdings nicht bedeutet, dass auch nur eine davon richtig oder falsch, besser oder schlechter ist.

ERFOLG VERSTÄRKT CHARAKTERZÜGE

Trudelt der Erfolg ein, so machen sich schnell vermeintliche Charakteränderungen bemerkbar. Menschen, die viel Geld haben, die sehr erfolgreich sind, wirken oft arrogant. Dabei ist es nicht der Erfolg, der dich überheblich macht. Auch Geld macht dich nicht gierig und Aufmerksamkeit macht dich nicht zwingend eitel. Erfolg verstärkt lediglich Charakterzüge, die bereits in dir stecken. Das gleiche gilt für Geld. Erfreust du dich plötzlich an rasantem Erfolg oder hohem Einkommen, so veränderst du dich nicht als Mensch, sondern deine Eigenschaften, Charakterzüge und Vorlieben verstärken sich, zumindest ist das meine Theorie.

Bist du ein hilfsbereiter Mensch, wenn du arm und unbekannt bist, so wirst du das auch sein, wenn du Geld und Erfolg hast. Du wirst dich vielleicht sogar noch mehr für Hilfsprojekte, Charity und Spendenaktionen einsetzen, da du jetzt die Ressourcen dafür hast. Bist du allerdings ein von Natur aus arroganter Mensch, so wirst du nach plötzlichem Reichtum und Erfolg, mit hoher Wahrscheinlichkeit, noch eingebildeter werden.

Erfolg unterstreicht die Qualitäten, die du bereits in dir trägst.

Je mehr Geld du irgendwann verdienst, je erfolgreicher, bekannter und wohlhabender du wirst, desto mehr musst du darauf achten, deine Handlungen, Aussagen und dein Wesen zu reflektieren. Es kann nämlich sein, dass sich vor allem deine negativen Charakterzüge durch den neu erlangten Ruhm verstärken. Achte also unbedingt immer darauf, du selbst zu bleiben und vergiss niemals deine Grundwerte!

ERFOLG DARF DICH STOLZ MACHEN

Ich fühle mich nicht besser, besonderer oder wichtiger, seitdem ich eine relativ hohe Follower-Zahl erreicht habe. Aber ich fühle mich stolz. Und das ist bei neu erlangtem Erfolg, egal welche Dimensionen er hat, unglaublich wichtig. Für mich sind meine Follower, ihre Reaktionen und ihr Zuspruch die Bestätigung, Menschen in irgendeiner Art und Weise unterhalten, inspirieren und motivieren zu können. Ich habe dir bereits davon erzählt, dass ich des Öfteren Success-Nights, also Abende, an denen ich auch die kleinen Erfolge, die Zwischenschritte, aber auch die Meilensteine feiere. Teile deine Freude, feiere deine Zwischenziele und sei stolz auf dich.

ERFOLG IST VERFÜHRERISCH

Erfolg ist einer der besten Motivatoren. Funktioniert dein Vorhaben, siehst du eine Entwicklung und wirst in deinem Tun bestätigt, so kannst du regelrecht süchtig nach diesem Gefühl werden.

Ich bin eindeutig süchtig nach Erfolg. Wie jede Sucht, ist auch diese, so schön sie sein kann, gefährlich. Es macht unglaublichen Spaß, Content zu produzieren, meine Follower zu motivieren und im Gegenzug Feedback zu bekommen. Verzeichne ich keinen Erfolg, weiß ich aufzuhören. Ist ein Projekt, ein neuer Video-Style oder eine innovative Idee allerdings erfolgreich, motiviert mich das extrem, so sehr, dass ich kaum mehr damit aufhören kann.

Arbeite weiter an deinem Erfolg, aber verliere dich nicht darin.

Ich muss zugeben, ich habe mich schon das ein oder andere mal im Erfolgsrausch verloren. Oft mache ich mir aufgrund von Zahlen, Likes und Followern innerlich sehr viel Stress, neuen, besseren Content zu produzieren und vergesse dabei völlig, worauf es wirklich ankommt. Erst vor einigen Monaten durfte ich einige Wochen in der Wohnung einer befreundeten Influencerin verbringen, um während ihres Urlaubes auf ihre Katzen aufzupassen. Die Wohnung war ein Traum. Mitten in Wien, im 25. Stockwerk, mit tollen Lichtverhältnissen und den perfekten Spots für ästhetischen Content. Um die Zeit

bestmöglich zu nutzen, wollte ich so viele Videos und Fotos produzieren, wie nur irgendwie möglich. Meine Hände schwitzten, mein Herz raste, wenn ich mich auch nur zehn Minuten zurücklehnte. Ständig schwirrten neue Ideen, Rezepte und Konzepte durch meinen Kopf. Eines Nachmittags eilte ich zum Supermarkt, um Zutaten für ein neues Rezept zu besorgen. Als ich zurück in die Wohnung kam, merkte ich, ich hatte die Margarine vergessen. Mir schossen die Tränen in die Augen, ich war frustriert und merkte, dass ich bereits am Limit war. Ich lief dem Content, dem Erfolg, den viralen Videos hinterher, so sehr, dass mich eine Kleinigkeit wie die vergessene Margarine völlig aus dem Konzept warf.

Wir alle verfügen über eine Art innere Alarmglocke. Erfolg ist gut und schön, allerdings dürfen wir ihm keinesfalls verfallen, zu Workaholics werden und ein Burnout riskieren. Nach dem Margarine-Vorfall musste ich mich zurücknehmen. Auch wenn ich hunderte Ideen hatte, so habe ich mich ein paar Tage lang auf meine Gesundheit, mein körperliches und mein geistiges Wohlbefinden konzentriert. Ich produzierte weiterhin Content, allerdings in Maßen.

Als Influencerin werde ich oft zu sehr schicken Veranstaltungen eingeladen, darf in den besten Restaurants essen und in den schönsten Hotels nächtigen. Ich treffe auf andere Influencer, Blogger, auf Menschen, die sehr erfolgreich sind und viel Geld haben. Sie alle scheinen das tollste Leben zu leben, strahlen, wie ich es gerne nenne, das High-Life aus. Alles glitzert, alles glänzt. Zu-

mindest scheint es so. Ziemlich schnell kann es daher auch passieren, sich in dieser glamourösen Scheinwelt zu verlieren. Irgendwann bist du nur noch in dieser Bubble unterwegs, vergisst deine alten Freunde, schenkst auch deiner Familie kaum Zeit und verlierst die Verbindung zu deinen Wurzeln, deiner Herkunft. Umso wichtiger ist es, auch bei hereinprasselndem Erfolg, auf alt Bekanntes und auf die Kleinigkeiten, die das Leben lebenswert machen, zu setzen. Anstatt nur noch Hauben-Lokale zu besuchen, liebe ich es auch, den Heurigen um die Ecke meines Elternhauses zu besuchen. Anstatt nur noch in Luxus-Hotels zu hausieren, verbringe ich auch heute noch gerne eine Nacht zu zweit mit meinem Freund im Zelt am Donau-Ufer.

Ich schätze jede Erfahrung, jedes Sechs-Gänge-Menü und jede Nacht in einem Fünf-Sterne-Hotel. Ich bin dankbar, für all die Möglichkeiten, die mir mein Job bietet, nehme Einladungen gerne an, aber bin mir trotzdem dessen bewusst, nichts Besseres zu sein. Egal, in welchen Kreisen ich auch manchmal verkehren mag, egal, wieviel Kaviar, Champagner und Kobe-Fleisch mir auf dem Silbertablett serviert wird, am glücklichsten bin ich noch immer, wenn ich bei meinen Liebsten bin und abends Kartoffeln mit Butter und Salz esse.

ES LIEGT AN DIR

Erfolg hin, oder her. Wichtig ist, dass es uns gut geht, wir uns ein schönes Leben gestalten können und mit uns, innerlich als auch äußerlich, körperlich als auch seelisch zufrieden sind.

Nach meinem Unfall kämpfte ich mit meinen Schmerzen, mit der Reha und mit meiner Genesung. Trotzdem bin ich mir heute sicher, hätte ich nicht schon damals auf meine Ernährung geachtet, wäre ich nicht durch viel Sport und Training sehr vital und körperlich fit gewesen, hätte ich einerseits wahrscheinlich gröbere Schäden aufgrund des Unfalls davongetragen, andererseits hätte auch mein Genesungsprozess länger gedauert, wäre noch anstrengender und zehrender gewesen. Auch meinen Erfolg, den Druck, die Niederlagen, eigentlich alle Ups und Downs meines Lebens, hätte ich ohne ein gesundes Grundgerüst wohl nicht so einfach wegstecken können.

ERNÄHRUNG, SPORT UND MENTALE GESUNDHEIT

Als Fitness-Food-Influencerin stehe ich für gesunde Ernährung, Sport und Vitalität. Allerdings ist das nicht nur beruflich mein Verkaufsargument, sondern auch privat, seitdem ich mich an der FH intensiv mit dem Thema Gesundheit und Ernährung auseinandersetzte, ein enorm wichtiger Teil meines Lebens. Ernährung ist in meinen Augen so viel mehr als nur das Zuführen von

Nahrung in Form von Kilokalorien. Ernährung ist ein Lebensgefühl. Wie in allen Bereichen, ist auch in der Ernährung die Menge das Gift. Wie du bereits weißt, esse ich ab und zu gerne Fleisch, auch ein Burger darf mal sein. Meine Achilles-Ferse, sind allerdings Süßspeisen, Desserts und fruchtige Snacks, weshalb ich auch vor Jahren damit angefangen habe meine eigenen, gesunden Dessert-Rezepte zu konzipieren. Ohne Zucker, fettarm, gesund und unbedingt bunt. Und dieses gesunde, bunte Lebensgefühl meiner Lieblingsspeisen, übertrug sich nach einiger Zeit automatisch auf mein Gemüt, meine Energie, mein Schaffen und letzten Endes meinen Erfolg.

All die Lebensbereiche, die wir bereits gemeinsam analysiert haben, ob Beziehungen, Erfolg, Ausbildung, Karriere oder Familie, fließen maßgeblich in deine mentale Gesundheit mit ein. Schaffst du es, dir in diesen Bereichen selbst treu zu bleiben, deine Core Values zu identifizieren und deine Entscheidungen danach zu richten, so wirst du glücklicher, zufriedener, vielleicht sogar erfolgreicher. Sicherlich aber tut es deiner mentalen, deiner geistigen Gesundheit unglaublich gut. Steht deine geistige Gesundheit mit deiner körperlichen in Einklang, kannst du mehr leisten, du kannst mehr erreichen und erfolgreicher sein. Auch wenn gesunde Ernährung und Sport oft negativ behaftet sind, Menschen diese Ausdrücke mit harter Arbeit, Fleiß, Diäten und Restriktionen in Verbindung bringen, so kann eine ausgewogene Ernährung unglaublich viel Spaß machen.

Sie kann bunt, farbenfroh, süß, salzig und unglaublich lecker sein. Auch Sport kann Spaß machen, solange du dir einen Trainingsplan nach deinen Bedürfnissen zusammenstellst, eine Sportart betreibst, die dir Spaß macht oder dich gemeinsam mit deinen Freunden motivierst und pushst.

Geht es dir in allen Lebensbereichen gut, kannst du zur besten Version deiner Selbst werden.

Hast du es geschafft, in zwei oder drei Lebensbereichen glücklich und zufrieden zu sein, in den anderen bist du allerdings völlig verzweifelt, so wirst du deine Ziele nur schwer erreichen können. Du kannst dich noch so gesund ernähren, noch so viel Sport machen, wie du willst: Hast du ein extrem niedriges Selbstvertrauen, bist in einer toxischen Beziehung gefangen oder absolvierst eine Ausbildung, die du aus tiefstem Herzen hasst, so wirst du beruflich als auch privat nicht weiterkommen.

Stelle dir einen grünen Balken vor

Kennst du die Sims? In diesem Videospiel, welches als eine Art Lebenssimulation angesehen werden kann, nimmst du mit deinen Entscheidungen Einfluss auf das Leben, die Gesundheit, die Wohnverhältnisse und die Beziehungen deines Sims. Die verschiedenen Lebensbereiche und deren »Lage« wird anhand von grünen Balken dargestellt, zumindest in einer der vielen Versionen,

die ich als Teenagerin gerne spielte. Je mehr Balken eine rote Verfärbung vorweisen, desto dunkler verfärbt sich auch der Diamant, der für das Leben und die Gesamtverfassung des Sims steht. Ich sehe das gerne als Metapher an, denn auch ich versuche, nicht nur für meinen Sim, sondern auch für mein reales Leben, so viele grüne Balken wie möglich zu garantieren.

Es gibt Tage, an denen einer der Balken besonders rot ist. Dann braucht dieser eben mehr Aufmerksamkeit und ich widme mich, wie damals nach dem Margarine-Vorfall, intensiv beispielsweise meiner mentalen Gesundheit. Jeder Tag ist wie ein neues Kapitel. Jede Entscheidung, jede Begegnung kann dein Leben maßgeblich verändern. Es liegt aber allein an dir, deine Balken grün zu halten und nachhaltig gesund, glücklich und zufrieden zu sein.

WERDE ZUM VORBILD

»Du bist doch verrückt«, waren die Worte meiner jüngeren Schwester Linda, als ich mich entschloss, das Job-Angebot abzulehnen und als Bloggerin durchzustarten. Sie war damals bereits seit einigen Jahren als Lehrerin erfolgreich, fühlte sich in ihrem sehr sicheren Job wohl und konnte beim besten Willen nicht verstehen, warum ich wieder einmal den unkonventionellen Weg wählte. »Linda, die digitale Welt ist Zukunft. Content wird bald sehr viel wert sein und ich glaube, es lohnt sich, bereits jetzt auf diesen Zug aufzuspringen«, waren meine Worte zu ihr, als sie mich erneut fragte, warum ich nicht das unglaubliche Angebot meines bisherigen Arbeitgebers annahm.

Einige Jahre später hatte sie bereits einen relativ erfolgreichen Instagram-Kanal, den ich gemeinsam mit ihr aufbaute. 2020, im ersten Corona-Lockdown, lackierten wir uns gerade gegenseitig die Nägel und ich wandte mich ihr zu: »Linda, heute starte ich dir einen TikTok-Account.« »Nein, bitte Carina. Instagram reicht doch und ist sowieso schon genug Arbeit«, erwiderte sie wenig begeistert. Nach etwas Bearbeitung à la Carina konnte ich Linda letzten Endes doch überreden, richtete ihr einen Account ein und postete fünf Videos aus ihrer Galerie. Eines davon ging nach kurzer Zeit viral, Linda fand Spaß an der App und machte selbst weiter, all das, neben ihrer Vollzeit-Anstellung als Lehrerin. Ihre Followerschaft wuchs unglaublich schnell. Sie sprach Kinder, junge User an, genau das entsprach dem Zeitgeist und so hat sie ziemlich schnell die eine Millionen Follower

Marke geknackt. Weil sie vormittags an der Schule war und nachmittags am Content createn, war sie ziemlich schnell an einem Punkt angelangt, an welchem Freizeit zu einer Rarität wurde. Auch wenn Linda ihren Lehrer-Job liebte, so habe ich immer daran geglaubt, dass das Leben auch für sie noch mehr bereithalten könnte. An der kleinen Mittelschule in der Nähe unseres Heimatdorfes, an der auch schon unsere Mutter die gleichen Fächer wie Linda, Sport und Englisch unterrichtete, hing sie zwar emotional sehr, weiterentwickeln konnte sie sich dort allerdings kaum. Als sie dann mit Social-Media auch noch mehr verdiente als mit ihrem Lehrer-Job, war es an der Zeit, eine Entscheidung zu treffen und den Lehrer-Beruf, nach einem sehr tränenreichen Gespräch mit unserer Mutter, endgültig an den Nagel zu hängen.

Heute ist Linda Ausflugsziel- und Erlebnis-Bloggerin. Sie testet, oft sogar gemeinsam mit Kindern, Erlebniswelten, Märchenparks und andere tolle Ausflugsziele, Hotels und Urlaubsregionen. Außerdem ist sie immer noch in Schulen unterwegs, macht Social-Media-Coachings und arbeitet immer noch, wenn auch in einer anderen Art und Weise, mit Kindern zusammen, was sie sehr erfüllt.

Wir alle brauchen manchmal einen kleinen Stupser.

Linda meint immer, wir alle brauchen einen Menschen, der uns einen kleinen Stoß, einen Stupser, in die richtige Richtung gibt. Ist der erste Schritt erstmal getan,

so können wir dann auch allein weitermachen. Inspiration, Vorbilder und eine kleine Hilfestellung, gerade am Anfang, können Wunder bewirken. Werde also auch du zum Vorbild, du glaubst gar nicht, wie viele Menschen du inspirieren kannst.

Selbst mein jüngster Bruder weiß bereits, dass er, wie ich, keinesfalls den konventionellen Weg gehen will. Auch wenn er noch einiges lernen muss und seinen Weg noch nicht zur Gänze gefunden hat, bin ich stolz, auch ihn inspiriert zu haben und ich bin mir sicher, auch er wird es schaffen, sich selbst treu zu bleiben und damit Erfolg haben. Selbst meine Eltern wollen auf den sozialen Medien durchstarten. Noch vor wenigen Jahren waren sie entrüstet darüber, dass ich mit »Essensfotografiererei« mein Geld verdienen will und meine Zeit nur noch in der digitalen Welt verbringe, momentan planen sie allerdings eine Radtour um die Welt, die sie in Form eines Vlogs, also eines Video-Blogs, mit ihren Followern auf Instagram teilen wollen. Meine Mutter spricht bereits in die Front-Kamera wie ein Profi und ich bin gespannt, wohin meine Eltern uns und ihre Follower noch mitnehmen werden.

INSPIRIERE DEIN UMFELD

Meine Geschwister schauten schon immer in gewisser Weise zu mir auf. Nicht, weil ich so toll bin oder immer alles richtig gemacht habe, nein, schlichtweg,

weil ich die Älteste war. Als ich mich mit 16 Jahren dafür entschied, ein Jahr nach Amerika zu gehen, wollte es mir meine jüngere Schwester gleichtun. Jahre später entschied sich auch mein kleiner Bruder für einen Auslandsaufenthalt. Ich machte mich selbstständig, mittlerweile sind auch Linda und mein Bruder Julian selbstständig.

Um zu einem Vorbild zu werden, musst du wissen, wer du bist und worin du gut bist. Du musst herausstechen, Selbstvertrauen aufbauen und etwas ausstrahlen. Wichtig ist, dass du für etwas brennst, dass du eine Leidenschaft hast und dass du diesen Spirit und deine Passion mit anderen Menschen, deinem Umfeld, deinen Freunden oder deiner Familie teilst. Es gibt unzählige Lifestyle-Blogger, Beauty- und Health-Influencerinnen. Mir war immer wichtig, mich auf etwas zu fokussieren, das ich besonders gut kann, und das war schon immer das Kochen und das Kreieren von gesunden Rezepten. Das merken auch meine Follower oder meine Geschwister, wenn sie mir bei der Arbeit zusehen, denn ich bin mir selbst treu geblieben, habe meine Nische aufgrund einer Passion gewählt und nicht aufgrund eines lukrativen Angebots. Deswegen bin ich auch nicht für jeden ein Vorbild und du musst das auch nicht sein. Aber du kannst ein Vorbild für deine Nächsten darstellen, für die Menschen, die dir besonders am Herzen liegen oder jene, die ähnliche Ziele und Interessen verfolgen wie du. So wie ich ein Vorbild in Sachen Selbstständigkeit, Anderssein, Mut und Selbsttreue für meine Geschwis-

ter war, kannst auch du deinen Liebsten deine Stärken oder dein neu erlerntes Wissen und dein Selbstvertrauen vermitteln und sie inspirieren. Wenn es um kreative, gesunde Küche geht, dann bin ich für meine Instagram-Follower vielleicht ein Vorbild. Auf TikTok wiederum inspiriere ich gerade junge Frauen, eine starke, selbstbewusste und eigenständige Persönlichkeit aufzubauen.

Du kannst erst zum Vorbild werden, wenn du an dich selbst glaubst.

Ich bin der Meinung, ein Vorbild zu sein, erfordert ein hohes Maß an Selbstliebe. Du musst an das glauben, was du tust, musst den Mut haben, zu den Dingen zu stehen, die du machst, auch wenn diese vielleicht außerhalb der Norm liegen. Ich glaube an mich selbst, setze meine eigenen Grenzen und definiere meine eigenen Regeln, für die ich auch stehe und die für mich richtig sind. Ich lebe meine Überzeugungen und ich glaube, das macht mich auch zu einer authentischen Person. Und nur wer Authentizität und Selbsttreue ausstrahlt, kann irgendwann selbst zu einem Vorbild für viele andere werden. Wenn du das tust, was du aus Überzeugung und am liebsten tust, und so lebst, wie du es willst, wenn du dir also selbst treu bleibst, in all den verschiedenen Lebensbereichen, dann inspirierst du. Es macht dich zum Vorbild für andere, als ganz normaler Mensch. Werde also auch du zum Vorbild, inspiriere dein Umfeld und zeige ihnen, was in dir steckt!

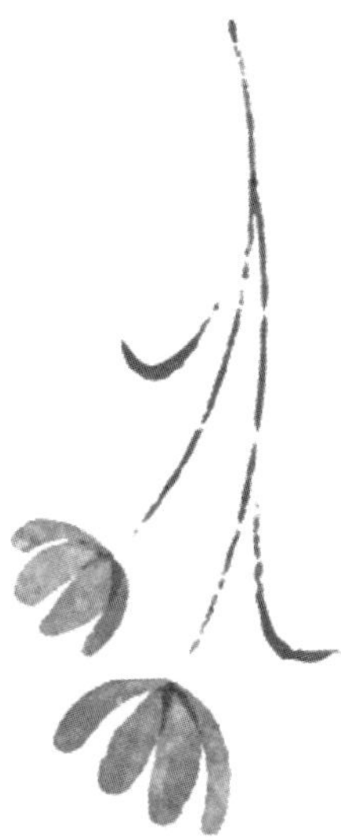

DEIN LEBEN, DEINE REGELN

Du, nur du, hast direkten Einfluss auf dein Leben. Du kannst dein Leben und deine Entscheidungen zwar von anderen Menschen, äußeren Einflüssen und gesellschaftlichen Erwartungen sowie alten Glaubenssätzen abhängig machen, allerdings bezweifle ich die Sinnhaftigkeit dahinter.

Du schreibst das Regelwerk für dein Leben.

Wie meine Schwester schon sagte, fehlt uns oft nur ein kleiner Anstoß, um uns selbst zu verwirklichen. Denn oft ist das Einzige, was uns davon abhält, die Angst. Wir fürchten uns vor den Konsequenzen, den Reaktionen und den Meinungen unserer Mitmenschen, dabei sollten wir uns eigentlich davor fürchten, ein Leben zu leben, in dem wir uns nicht selbst treu bleiben und dessen Regeln wir nicht selbst gestalten.

Es gibt keine Grenzen

Unser gesamtes Leben lang werden uns Grenzen aufgezeigt. Uns wird vorgegeben, was wir erreichen können und dürfen und was unrealistisch, verträumt oder absurd sei. Dabei gibt es keine Grenzen! Es gibt kein richtig und kein falsch, solange du deinem eigenen Weg folgst. Selbst in meinen kühnsten Träumen hätte ich niemals erwartet, eines Tages Hausbesitzerin auf Bali zu sein. Ohne Kredit haben Alberto und ich den Schritt gewagt, wir haben uns bereits in Bali eingelebt, es als eine un-

serer drei Heimaten angesehen und nun tatsächlich den Schritt zum Eigenheim gewagt. Klassisch, mit Ausblick auf die Reisfelder und völlig unserem Geschmack entsprechend, haben wir uns eine neue Realität aufgebaut. Eine Realität fernab unserer Herkunft, unserer Familie, aber ganz nah dran an unseren Überzeugungen und Träumen. Sind wir gerade nicht auf Bali, vermieten wir unser Heim, profitieren finanziell davon und können unser Glück mit anderen Menschen teilen. Meine zweite Heimat ist Südafrika. Dort ist unser Leben völlig anders strukturiert und aufgebaut als in Bali oder Österreich. In Kapstadt leben wir das Big-City-Life in einer Penthouse-Wohnung, die wir immer wieder mieten. Ich kleide mich anders, ich lebe anders, ich verkehre mit anderen Menschen, bin aber immer noch die gleiche Carina. Mittlerweile habe ich mir auch Afrikaans angeeignet, so fühle ich mich noch verbundener mit den Einheimischen und kann mich mit jedem verständigen. Meine dritte Realität findet in meiner Heimat, einem kleinen Dorf unweit von St. Pölten, in Österreich statt. Auch hier ist alles anders, allein schon wettertechnisch. Ich setze in Österreich beispielsweise völlig andere Prioritäten als in Bali oder Kapstadt. Manchmal fühlt es sich an, als lebe ich in drei Parallelwelten. Vielleicht ist das dem ein oder anderen zu stressig oder zu schnelllebig, für mich ist dieses Lebenskonzept allerdings perfekt, denn niemand muss sich mit nur einem Lebensweg, einer klassischen, linearen Lebensplanung mit Ausbildung, Heirat, Kindern und Hausbau zufriedengeben.

Kenne deine Werte, vergiss niemals deine Wurzeln

Ich kann nicht oft genug betonen, wie sehr mir meine Grundwerte bei der Gestaltung meiner eigenen Lebensregeln geholfen haben. Sie leiten mich noch heute und geben mir in meinen Entscheidungen Rückhalt und Stabilität. So sehr ich ihnen aber folge und so freiheitsliebend ich bin, so sehr weiß ich auch, wie wichtig meine Wurzeln sind, wie verbunden ich zu meiner Familie bin und dass ich ohne sie nicht die wäre, die ich heute bin. Ich hatte großes Glück, durfte immer auf die Unterstützung meiner Familie setzen. Auch wenn sie mich für verrückt hielten, so waren sie doch immer für mich da und das rechne ich ihnen bis heute hoch an. Dein Supportsystem, deine Wurzeln, deine Familie oder all die Menschen, die dich auf deinem Weg bislang begleitet haben, sind ein Teil von dir. Egal, wie erfolgreich du eines Tages sein wirst, egal, wie viel Geld du verdienst, Familie, Menschen, die dich lieben wie du bist, mit oder ohne Geld, am Boden oder am Höhenflug, sind unglaublich wichtig und können nicht einfach ersetzt werden. Du weißt ja, toxische Beziehungen, ungeklärte Konflikte und innerer Groll sind wie Gift. Von ihnen musst du dich lösen, mit Konfliktmanagement dagegen vorgehen und den Weg räumen,für eine gesunde Zukunft. Vergiss dabei allerdings niemals deine Wurzeln.

Sei auf dich stolz

Ich glaube, der wichtigste Schritt in Richtung Selbsttreue ist der Aufbau eines gesunden Selbstvertrauens. Um erfolgreiche Beziehungen zu führen, um mit Erfolg oder Scheitern umzugehen und um eigenständige Entscheidungen nach deinem Ermessen und auf Grundlage deiner Core Values zu treffen, musst du endlich akzeptieren, dass du ein unglaublich interessantes, eigenständiges und besonderes Individuum bist. Keiner ist so wie du! Ist das nicht verrückt? Lebe für deine Individualität und verstecke dich nicht hinter einer Fassade, um der Gesellschaft zu gefallen. Akzeptiere deine vermeintlichen Niederlagen und deine Schwächen, aber preise deine Erfolge umso mehr an und sei endlich stolz auf dich. Egal, wer dir in deinem Leben bereits gesagt hat, »du schaffst das nicht«, »sei nicht so ein Träumer«, oder »du bist doch verrückt«, sie haben keine Ahnung, wovon sie sprechen und ihnen gilt es zu beweisen, dass sie unrecht hatten.

Sei dein bestes Selbst

Ich bin der Meinung, wir alle sollten danach streben, die beste Version unserer Selbst zu sein. Diese Version ist sehr individuell und für jeden Mensch unterschiedlich. Während sich der eine mehr auf seine persönlichen Begegnungen konzentriert, hat für den anderen der akademische Grad oder das tägliche Workout Prio-

rität. Trotzdem sollte in jedem Lebensbereich ein gewisses Minimum erreicht werden. So sehr du dich zum Beispiel auf Lernen oder auf deine Beziehungen konzentrierst, so darfst du nicht vergessen, auch deinem Körper und deinem Geist etwas Gutes zu tun.

Viele Menschen fragen mich immer und immer wieder, was ich als meine nennenswerteste Leistung, quasi mein größtes Achievement ansehe. Entgegen aller Erwartungen nenne ich weder meine Follower, noch meinen Uni-Abschluss, auch nicht meine seit zehn Jahren erfolgreiche Beziehung. In meinen Augen ist die höchste Leistung des Lebens nämlich weder an Geld, Followern, Uni-Abschlüssen oder beruflichen Meilensteinen zu messen.

»Schaffst du es, dir in einer Welt, die dir ständig sagt, was du tun sollst, wer du sein sollst und wie du zu leben hast, selbst treu zu bleiben und du selbst zu sein, dann hast du das höchste Maß aller Errungenschaften erreicht.«

Heute kann ich von mir behaupten, mir immer selbst treu geblieben zu sein und damit das für mich höchste Achievement erreicht zu haben. Auch wenn es eigentlich kein lebensveränderndes Nahtoderlebnis gebraucht hat, um mir dieser Erkenntnis bewusst zu werden, so weiß ich heute besser denn je, wer ich bin. Ich weiß, ich bin ich selbst, jetzt liegt es nur noch an dir. Dein Leben verlangt nach deinen Regeln.

LINDA LIME
Die
TikTok
Schule
WIE DU DICH
MIT SOCIAL MEDIA
SELBST ENTDECKST
edition a

Linda Lime,
Die TikTok Schule

»Was macht dich besonders? Worin bist du gut? Was macht dir die größte Freude? Finden wir die Antworten auf diese Fragen gemeinsam mit diesem Buch und TikTok. Ein Abenteuer, bei dem du nur gewinnen kannst!«

Linda Lime, ehemalige Lehrerin und jetzt Influencerin, macht Millionen Jugendlichen, die ihr auf TikTok folgen, ein Angebot: Komm in die TikTok-Schule und entdecke die Person, die du immer schon sein wolltest. Mit zahlreichen Tipps & Tricks für die perfekten TikTok-Videos!

Ein interaktives Buch, an dem garantiert auch Erwachsene Freude haben.

192 Seiten, 22€
ISBN: 978-3-99001-642-8

BARAA BOLAT
LERNE WER DU BIST
UND VERGISS WER DU SEIN SOLLST
edition a

Baraa Bolat,
Lerne wer du bist

Ein Kopftuch tragen? Nicht einmal ihre Eltern waren dafür. Als sie dann auch noch mit ihren Kochrezepten online ging und dabei vor lauter Konzentration ziemlich ernst dreinschaute, lachten viele sie aus. Doch Baraa Bolat blieb dabei. Sie wurde als Europas erstes Hijab-Model bekannt und beliebt und ist mit dem für sie charakteristischen Blick als Markenzeichen eine der erfolgreichsten Influencerinnen Österreichs. Sie weiß heute, was es heißt, sich selbst zu entdecken, zu sich zu stehen und damit Erfolg zu haben. Davon erzählt sie inspirierend und überzeugend in diesem Buch.

192 Seiten, 24€
ISBN: 978-3-99001-646-6